처음 만나는 징비록

미래주니어

임진왜란에 대한 반성의 회고록, 징비록(懲毖錄)

　1592년 4월에 임진왜란이 일어났어요. 임진왜란은 임진년에 일본(왜국)이 일으킨 전쟁이라는 뜻이에요. 1590년 무렵, 일본 열도를 통일한 도요토미 히데요시는 중국 대륙으로 진출할 계획을 세웠어요. 일본이 중국으로 진출하기 위해서는 우리나라를 반드시 지나가야 해요. 그래서 도요토미 히데요시는 우리나라에 사신을 보내 중국을 정복하러 가려고 하니 도와달라고 했어요. 당시에 우리나라는 중국을 형처럼 믿고 의지했어요. 그러니 일본의 터무니없는 요구를 들어줄 수 없었지요. 그러자 도요토미 히데요시는 군사를 일으켜 전쟁을 벌였어요. 그 전쟁이 바로 임진왜란이랍니다.

　〈징비록〉은 임진왜란 때, 영의정을 지낸 서애(西厓) 류성룡 선생이 쓴 책이에요. 류성룡 선생은 임진왜란이 끝난 후에 벼슬에서 물러나 고향으로 내려갔어요. 고향에 내려간 선생은 임진년(1592년)부터 무술년(1598년)에 이르는 기간 동안에 자신이 직접 보고들은 것들을 글로 쓰기 시작했어요.

　서애 류성룡 선생은 임진왜란을 이렇게 회고해요.

　'임진년의 전쟁은 참으로 잔인했다. 불과 수십 일 만에 한양과 개성 그리고 평양이 적의 손아귀에 들어갔다. 그런데도 오늘이 있게 된 것은 하늘이 우리를 도왔기 때문이고, 백성들의 나라 사랑 때문이다. 또, 임금께서 명나라를 감동시켜 구원병이 여러 차례 왔기 때문이다. 이런 일들이 없었다면 우리는 어려움을 이겨내지 못했을 것이다.'

류성룡 선생은 자신이 쓴 회고록에 〈징비록〉이라는 이름을 붙였어요. '징비(懲毖)'는 '지난 잘못을 반성하고, 앞으로 근심이 없도록 조심하자.'라는 뜻이에요. 류성룡 선생은 〈징비록〉을 통해서, 임진왜란 때와 같은 실수를 다시는 되풀이하지 말라고 당부하고 있어요.

이 책을 읽는 어린이들은 류성룡 선생의 가르침대로 무슨 일이든 미리 조심하고 대비하는 사람이 되도록 노력하세요. 그리고 이 책을 통해서 임진왜란을 극복한 우리 조상들의 지혜와 용기를 배워 보아요.

글쓴이 표시정

임진왜란을 기록하고 연구한 서애 류성룡

　서애 류성룡은 1542년 10월 1일에 경상도 의성현 사촌리에서 황해도관찰사를 지낸 류중영의 둘째 아들로 태어났다. 류성룡은 21세가 되던 해인 1562년에 퇴계 이황의 제자가 되었다. 이황은 류성룡의 재능을 높이 사서 '이 젊은이는 하늘이 내린 사람이다.'라며 칭찬을 아끼지 않았다.

　과거에 뜻을 둔 류성룡은 1564년에 생원과 진사시에 합격을 한 데 이어서, 1566년에는 문과에 급제했다. 류성룡은 28세가 되던 해인 1569년에 성절사의 서장관(외교관 자격)으로 명나라 연경에 가게 되었다. 류성룡을 만난 명나라 학자들은 그의 학문적 지식에 놀라 그를 '서애 선생'이라고 부르면서 존경을 표시했다.

　류성룡은 1580년에 홍문관 부제학(학문 연구기관인 홍문관에서 문서를 처리하는 일)에 임명되었으며, 이후 사간원 대사간, 사헌부 대사헌, 예조판서, 형조판서, 병조판서 등을 거쳐 마침내 우의정, 좌의정에까지 올랐다. 류성룡이 좌의정으로 있던 1592년 4월 14일, 마침내 일본이 전쟁을 일으켰다. 좌의정이던 류성룡은 병조판서와 도체찰사(비상시에 군을 지휘하는 최고 책임자)를 겸하게 되었다. 일본군이 파죽지세로 북진하자, 선조는 피란하면서 류성룡을 영의정에도 임명하였으나 일부 대신들의 모함을 받아 곧 영의정에서 파직되었다.

　그는 도체찰사로 있으면서 첩자 김순량 등을 붙잡아 군사 기밀이 누설되는 것을 막았고, 명나라 제독 이여송과 함께 평양성을 탈환했다.
　평양성을 빼앗기고 한양으로 후퇴한 일본은 명나라와 조선에 강화를 제안했다. 류성룡은 끝까지 싸워야 한다며 강화에 반대했지만, 명나라 제독 이여송은 일본과 강화하고 휴전을 선언했다. 류성룡은 훈련도감을 설치해 군사 훈련을 시키기도 했다.
　1598년에는 경략 정응태가 조선이 일본과 손을 잡고 명나라를 치려고 한다며 명나라 조정에 거짓 보고를 했다. 이 사실을 알게 된 우리 조정에서는 영의정인 류성룡이 명나라 조정에 가서 해명하기를 바랐다. 하지만 류성룡이 거부하자 그를 모함하고 관직을 모두 빼앗았다. 그날은 공교롭게도 이순신 장군이 전사한 날이기도 했다. 류성룡은 관직을 모두 빼앗기고 고향인 하회로 내려갔다. 그의 나이 58세가 되던 해인 1599년의 일이었다.
　선조는 류성룡을 다시 한양으로 불러올리려고 했으나 류성룡은 모든 벼슬을 사양했다. 류성룡은 66세가 되던 1607년에 병으로 세상을 떠날 때까지 고향에서 책 읽고 글쓰는 일에만 몰두했다.

◆ 머리말 ………………………………………… 2
◆ 임진왜란을 기록하고 연구한 서애 류성룡 ………… 4

1장 일본에서 온 사신 ……………… 9

2장 전쟁의 징후 ………………………… 27

3장 임진왜란이 일어나다 ……………… 43

4장 계속되는 패배 …………………………… 61

5장 피란길에 오른 임금 ………………… 79

6장 평양에 나타난 일본군 ·········· 97

7장 명나라에서 온 지원군 ·········· 115

8장 명나라와 일본의 강화 ·········· 133

9장 또다시 시작된 전쟁 ·········· 151

10장 전쟁이 막을 내리다 ·········· 169

『임진년의 전쟁은 참으로 잔인했다. 불과 수십 일 만에
한양과 개성 그리고 평양이 적의 손아귀에 들어갔다.
그런데도 오늘이 있게 된 것은 하늘이 우리를 도왔기 때문이고,
백성들의 나라 사랑 때문이다. 임금께서 명나라를 감동시켜
구원병이 여러 차례 왔기 때문이다. 이런 일들이 없었다면
우리는 어려움을 이겨내지 못했을 것이다.』

- 류성룡의 회고록 〈징비록〉 중에서 -

1장

일본에서 온 사신

1586년 일본 사신 다치바나 야스히로가 부산포에 당도했다

일본을 통일한 도요토미 히데요시는 명나라를 정벌해 자신의 이름을 널리 알리고 싶었다. 그러기 위해서는 조선의 도움이 필요했다.

도요토미 히데요시는 대마도주 소 요시시게에게 '가도입명(명나라로 가는 길을 빌려 달라.)'과 '국왕입조(조선 국왕을 일본으로 데려오라.)'를 명령했다. 우리나라의 사정을 훤히 꿰뚫고 있던 소 요시시게는 도요토미 히데요시의 명령이 실현 불가능하다는 것을 누구보다 잘 알고 있었다. 조선에게 있어 명나라는 아버지의 나라였기 때문이다.

소 요시시게는 고민 끝에 단절된 통신사(조선이 일본에 보내던 외교사절)를 잇기로 했다. 두 나라가 예전처럼 서로 교류하면서 잘 지내게 되면 도요토미 히데요시도 만족할 것 같았다. 그래서 소 요시시게는 자신의 측근인 다치바나 야스히로를 도요토미 히데요시가 보낸 사신인 것처럼 해서 우리나라로 보냈다.

부산포에 도착한 다치바나 야스히로는 '일본이 이전 국왕을 폐하고 새 국왕을 세웠다.'라고 하면서 우리 조정에 나라

와 나라가 사이좋게 지내자는 '화친(和親)'을
요청했다.

　당시에 우리나라와 일본은 일본 국왕 겐지가 나라를
세울 때부터 서로 교류하며 잘 지냈다. 성종 때, 일본으로
가던 사신 일행이 대마도에서 풍토병에 걸려 되돌아온 이후
우리나라에서는 한 번도 일본에 사신을 보내지 못했다. 하지만
일본에서 사신이 오면 우리나라에서는 예의를 갖추어 대접해서
돌려보냈다.

　우리 임금(선조)께서는 일본에서 온 사신을 만나고
싶어 하지 않았다. 신하였던 도요토미 히데요시가
왕을 몰아내고 그 자리를 빼앗은 것을
좋지 않게 생각했기 때문이다.

하지만 대신들의 반대로 어쩔 수 없이 사신을 맞아들이게 되었다.

겐지 왕국이 망한 지가 십 년이다. 그동안 우리나라에 들어온 일본인이 없었던 것은 아니지만 워낙 통제가 심해서 우리 조정에서는 일본의 내부 사정을 전혀 알 수가 없었다.

이번에 사신으로 온 다치바나 야스히로는 아주 무례한 사람이라는 소문이 자자했다. 우리나라에서는 옛날부터 일본 사신들이 오면 지방의 백성들이 창을 들고 길 양 옆에 서서 위엄을 보이는 관습이 있었다. 이를 본 다치바나 야스히로는 "조선의 창은 우리 창에 비해 자루가 참 짧구려." 하고 비웃었다.

한번은 상주목사(상주를 다스리던 관리) 송응형이 기생들을 불러 다치바나 야스히로 일행을 위해 잔치를 베풀었다. 기생들의 가무를 보던 다치바나 야스히로가 송응형에게 말했다.

"나는 오랜 세월을 전쟁터에서 보내는 통에 머리가 희어졌소만, 공은 기생들을 옆에 끼고 세월을 보낸 듯한데 어째서 머리가 희어졌소?"

그가 하는 행동들은 예전에 방문했던 일본 사신들과는 너무 달랐다. 마침내 한양(지금의 서울)에 도착한 다치바나 야스히로는 우리 조정에 도요토미 히데요시가 보낸 국서를 전했다.

"우리는 조선에 자주 사신을 보냈습니다. 그런데 그대들은 어째서 우리나라에 사신을 보내지 않는 것입니까? 이는 곧 조선이 우리나라를 무시한다는 증거가 아니고 무엇이란 말입니까?"

임금께서는 도요토미 히데요시의 국서가 오만방자하다고 하면서 다치바나 야스히로를 만나지 않겠다고 하셨다. 임금을 대신해 예조판서(외교. 문화를 관리하던 최고 관리)가 다치바나 야스히로 일행을 맞이해 대접했다. 다치바나 야스히로는 그 자리에서 도요토미 히데요시가 조선 원정(먼 곳으로 싸우러 나가는 일)에 뜻이 있다는 것을 숨기지 않았다. 하지만 우리 측 대신들은 술에 취한 다치바나 야스히로의 술주정 정도로만 생각하고 넘어갔다.

다치바나 야스히로는 한양에 머무르는 동안 계속해서 통신사 파견을 재촉했다. 그러자 임금과 조정 대신들은 '바닷길이 멀고 힘해서 사신을 보낼 수가 없다.'라는 답서를 마련해서 전달했다.

일본으로 돌아간 다치바나 야스히로는 도요토미 히데요시에게 이같은 사실을 보고했다. 그러자 도요토미 히데요시는 크게 화를 냈다.

"우리나라는 바닷길이 멀고 험해도 한 해도 빠뜨리지 않고 조선에 사신을 보냈다. 그런데 조선은 우리나라에 사신을 보내지 못하겠다니 이게 말이 되는가? 조선 땅에 건너가서 조선 국왕의 얼굴도 보지 못하고 돌아온 다치바나 야스히로는 이 나라의 수치다!"

화가 난 도요토미 히데요시는 다치바나 야스히로의 목을 벴다.

깊이 생각해 보기 도요토미 히데요시가 조선에 원한 것은 무엇인가요?
일본이 조선에 바라는 것은 명나라를 정벌하러 가는 길을 빌려 달라는 것이었다.

1589년 일본 사신 소 요시토시가 부산포에 도착했다

대마도주인 소 요시시게는 성복사 주지 게이테쓰 겐소를 정사(사신의 우두머리)로, 자신의 양아들인 소 요시토시를 부사(사신)로 삼아 우리나라에 보내 또다시 통신사의 파견을 요청했다.

"요시토시는 바닷길에 익숙하기 때문에 그와 함께 왕래한다면 걱정할 것이 아무것도 없을 것입니다."

소 요시시게는 일부러 바다에서 나고 자란 소 요시토시를 우리나라에 보냈다. 우리나라에서 바닷길이 험해서 사신을 보내지 못한다는 핑계를 대지 못하도록 하기 위해서였다.

소 요시토시는 소 요시시게의 양아들이면서 일본 주병대장 고니시 유키나가의 사위이기도 했다. 나이가 어린 소 요시토시는 힘이 세고 성격이 불같아서 일본인들조차 그를 어려워했다.

소 요시토시 일행은 외국 사신들의 숙소인 동평관에 짐을 풀었다. 그리고 우리나라에서 통신사를 파견할 때까지 한 발자국도 움직이지 않겠노라고 하면서 통신사의 파견을 재차 요구했다.

우리 조정에서는 이조정랑(행정기관 관리) 이덕형을 선위사(외국 사신을 영접하는 관리)로 삼아 부산포로 내려보냈다. 선위사가 사신 일행을 접대하며 시간을 버는 동안, 조정에서는 통신사 파견 문제를 처리하기로 했다.

"더 이상 저들의 요구를 거절할 명분이 없습니다."

"이 일을 어쩌면 좋단 말이오."

조정 대신들은 마땅한 해결책을 찾지 못해 애를 태웠다.

그러자 임금께서 말씀하셨다.

"몇 해 전에 전라도 땅에 왜구들이 쳐들어와서 우리 장수 이대원을 죽이고, 수많은 수군들을 납치해 갔던 일을 기억하는가? 당시 체포된 왜구 가운데 하나가 말하기를 일본에 머무르며 왜구의 앞잡이 노릇을 하는 조선인이 있다고 하던데, 대마도주에게 우리 변방에서 소란을 일으킨 왜구들과 그 앞잡이, 그리고 붙잡아간 우리 수군들을 돌려보내면 통신에 응하겠다고 하라. 그러면 우리는 명분을 찾을 수 있을 것이고, 저들의 성의 또한 알 수 있을 것이다."

조정에서는 즉시 동평관으로 사람을 보내 이와 같은 뜻을 전했다. 그러자 동평관 관리가 소 요시토시를 찾아가 말했다.

"우리 조정에서는 변방에 나타나 자주 소란을 일으키는 왜구들과 그 앞잡이, 그리고 끌려간 조선 수군들을 돌려보낸 후에 통신사 건을 다시 논의하자고 하십니다."

"좋습니다. 그렇게 합시다."

　소 요시토시는 흔쾌히 우리의 제안을 받아들였다. 그리고 자신의 부하인 야나가와 시게노부를 대마도로 보내 우리의 뜻을 전했다.

　몇 달이 지나지 않아 대마도에 갔던 야나가와 시게노부가 긴시요라라는 왜구와 왜구의 앞잡이 노릇을 하던 사화동, 그리고 끌려갔던 조선 포로들을 이끌고 우리나라로 돌아왔다.

　그들이 한양에 도착하자, 임금께서는 친히 그들을 심문하셨다. 그런 다음, 긴시요라와 사화동은 죄 값을 치르게 하고 포로로 잡혀갔던 이들은 모두 풀어 주었다.

　임금께서는 무척 흡족해 하시면서 소 요시토시 일행을 대궐로 초대해 커다란 잔치를 베풀었다. 이에 사신 일행은 대궐 안에 들어와 임금을 직접 만날 뵐 수 있었다. 임금께서는 소 요시토시에게 감사의 뜻으로 말을 한 필 내리셨다.

당시에 나는 예조판서로 소 요시토시 일행을 접대하는 일을 맡고 있었다. 그때까지만 해도 통신사 파견 여부는 아직 결정이 나지 않았다.

그 후에 나는 대제학의 자리에 올랐다. 외교와 관련된 각종 문서를 처리하는 일을 맡았는데, 일본에 보낼 국서를 쓰는 일도 그중 하나였다. 그때까지도 우리 조정 내부에서는 일본에 통신사를 파견하는 문제를 마무리짓지 못하고 있었다. 나는 서둘러 통신사 문제를 해결해야 한다고 생각했다. 그렇지 않으면 두 나라 사이에 불미스러운 일이 생길 수도 있었기 때문이다.

"전하, 속히 일본에 사신을 보내 회답을 전하셔야 합니다."

임금께 몇 차례 요청한 끝에 다행스럽게도 일본에 통신사를 파견하게 되었다. 일본이 우리의 요구를 들어주었으니 우리도 일본의 요구를 들어주지 않을 수 없었던 것이다.

깊이 생각해 보기 우리나라에서는 왜 일본에 통신사를 파견하기로 했나요?

일본이 우리 조정의 요구를 들어주었기 때문에 우리도 일본의 요구를 들어주어야 했다. 그렇게 하지 않으면 두 나라 사이에 외교적 마찰이 발생할 수도 있는 상황이었다.

1590년 3월 통신사 일행이 일본으로 떠났다

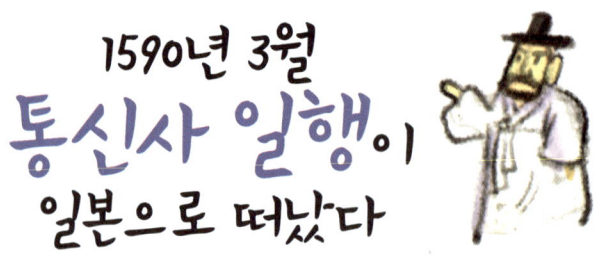

    정사 황윤길, 부사 김성일, 그리고 서장관(기록을 담당하는 사신) 허성이 통신사로 일본에 가게 되었다. 통신사 일행은 소 요시토시와 함께 부산 다대포에서 배를 타고 대마도로 건너갔다.

    대마도에 도착한 통신사 일행은 국분사라는 절에 초대되었다. 그 무렵, 소 요시시게가 죽고 소 요시토시가 대마도주가 되었다. 소 요시토시는 사신들을 초대해 놓고 약속한 시간보다 늦게 나타났다. 뿐만 아니라 가마를 타고 대청까지 올라오는 실례를 범했다.

    부사 김성일이 그 광경을 보고 몹시 화를 냈다.

    "대마도주는 원래 우리나라를 섬기던 신하가 아닌가. 그런데 그대는 어명을 받고 온 우리에게 어찌 이리 무례한가? 나는 이런 대접을 받으며 이곳에 머무를 수 없소!"

    김성일은 자리를 박차고 일어나면서 황윤길에게 함께 가자고 했다. 황윤길이 망설이는 사이 허성이 김성일과 함께 자리를 박차고 나갔다.

    소 요시토시는 몹시 당황했다. 통신사 일행이 이대로 조선으로 돌아간다면 도요토미 히데요시의 진노를 피할 길이 없었기 때문이다.

　소 요시토시는 위기를 모면하기 위해서 통신사 일행을 찾아가 용서를 빌고 또 빌었다. 이 일로 일본인들은 조선 통신사들을 두려워하게 되었다.

　통신사 일행은 대마도에서 한 달 정도 머문 뒤, 7월 22일이 되어서야 비로소 일본의 수도인 교토에 닿았다. 통신사 일행이 교토에 도착했을 때, 도요토미 히데요시는 다른 지방에 머물고 있었다.

　통신사 일행은 대덕사라는 절에 머물면서 도요토미 히데요시가 돌아오기를 기다렸지만, 그는 9월이 되어서야 교토에 돌아왔다. 통신사 일행은 도요토미 히데요시를 곧 만날 수 있을 거라고 생각다. 그러나 그는 궁궐을 수리하는 중이라고 하면서 만나주지 않았다. 우리 통신사 일행이 도요토미 히데요시를 만난 것은 11월이 다 되어서였다.

　도요토미 히데요시는 키가 작고 못생겼으며 얼굴빛 또한 검었다. 하지만 반짝이는 눈빛만큼은 보통 사람들과 달랐다. 그의 눈빛은 마치 사람의 마음을 꿰뚫어보는 것 같았다.

　통신사 일행은 한양에서 가지고 간 국서를 도요토미 히데요시에게 전달했다. 거기에는 일본의 통일을 축하하며 앞으로 두 나라가 서로 교류하며 잘 지내보자고 적혀 있었다.

도요토미 히데요시는 국서를 받고도 아무런 말이 없었다. 우리 사신들은 궁궐에서 물러나 답서를 기다렸다. 하지만 통신사 일행이 돌아가기로 한 날까지도 답서는 도착하지 않았다.

그러자 김성일이 강하게 항의했다.

"우리 임금의 서신을 받았으면 답이 있어야 할 게 아니오. 지금 우리더러 빈손으로 돌아가란 말이오?!"

김성일은 도요토미 히데요시가 답서를 주지 않으면 돌아가지 않겠다고 버텼다. 하지만 황윤길은 일본인들이 자기들을 조선으로 돌아가지 못하게 붙잡을까 봐 무서워서 귀국길을 서둘렀다.

통신사 일행이 수도를 떠나서 어느 한적한 포구에 다다랐을 때, 도요토미 히데요시의 답서가 도착했다.

아무래도 불길하니, 서둘러 떠나는 게 좋겠소.

"나는 답답한 이곳을 벗어나기 위해서 군사를 거느리고 명나라를 치고자 합니다. 그러니 조선이 앞장서서 길을 열어 주기 바랍니다."

도요토미 히데요시는 일본을 통일한 것으로 만족하지 못했다. 그는 명나라를 손에 넣고 싶어 했다. 도요토미 히데요시는 우리 조선이 그런 일본을 도와주기를 바라고 있었다.

김성일은 도요토미 히데요시가 보낸 답서를 읽고 기가 막혔다. 자신이 기대하던 것과는 너무 다른 내용이 적혀 있었던 것이다.

"이런 답서는 가져갈 수 없소이다."

김성일이 답서를 거부하자, 게이테쓰 겐소는 소 요시토시를 도요토미 히데요시에게 보내 답서를 고쳐달라고 청했다. 도요토미 히데요시는 답서를 고쳐서 다시 보냈다. 하지만 몇몇 단어만 고쳐서 보냈을 뿐 내용은 이전과 같았다.

김성일은 도요토미 히데요시가 보낸 답서의 내용을 일일이 지적해서 바로 잡으려고 했다. 하지만 황윤길이 귀국길을 재촉하는 바람에 문제의 답서를 가지고 귀국할 수밖에 없었다.

깊이 생각해 보기 김성일은 도요토미 히데요시의 답서를 왜 거부했나요?

김성일은 명나라를 치러 가는 것을 도와달라는 도요토미 히데요시의 요구를 받아들일 수 없었다. 통신사 일행은 화친을 목적으로 일본을 방문했기 때문이다.

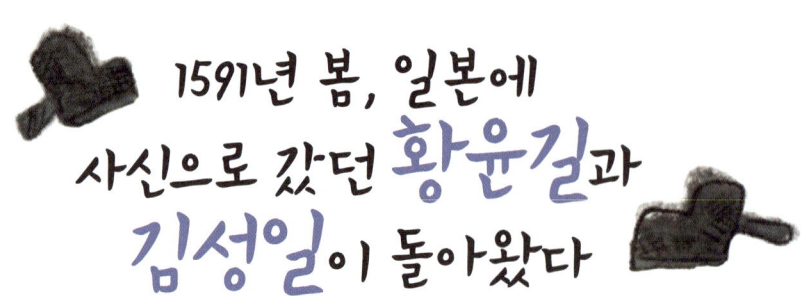

1591년 봄, 일본에 사신으로 갔던 황윤길과 김성일이 돌아왔다

황윤길은 부산에 도착하자마자 일본에서 겪은 일을 글로 써서 보고했다. 보고서에는 일본이 군사를 일으켜 쳐들어올 것 같다는 내용도 포함되어 있었다. 한양에 도착한 통신사 일행은 임금을 직접 만나 다시 한 번 결과를 보고했다.

임금께서 황윤길에게 물었다.

"그래, 직접 가서 보니 도요토미 히데요시라는 자는 어떤 자이던가?"

"비록 체격은 왜소하나 용감하고 지혜로운 자 같았습니다. 특히 눈빛이 예사롭지 않았습니다."

"일본의 실정은 어떠하던가?"

"가는 곳마다 병선이 가득했습니다. 대마도까지 병선이 집결해 있는 것으로 보아 머지않아 전쟁이 일어날 것 같습니다."

임금께서는 김성일에게도 똑같은 질문을 했다.

"신이 보기에 도요토미 히데요시라는 자는 두려워할 만한 인물이 아니었습니다."

"경의 눈에도 일본이 전쟁을 일으킬 것 같던가?"

"신은 그런 징후를 전혀 발견하지 못했습니다."

김성일은 계속해서 말을 이었다.

"전하, 황윤길은 지금 민심을 현혹하려 하고 있습니다. 그의 말에 너무 마음 쓰지 마십시오."

김성일의 말이 끝나자, 조정이 술렁거리기 시작했다. 황윤길과 김성일이 전혀 다른 보고를 했기 때문에 누구의 말을 믿어야 할지 몰라서였다.

조정 대신들은 정사의 말이 옳다, 부사의 말이 옳다 하며 두 편으로 나뉘어 싸우다가 결국에는 부사 김성일의 의견을 받아들였다.

나는 김성일을 조용히 따로 불렀다.

"그대의 대답이 어째서 황윤길의 대답과 다른 것이오? 만약에 전쟁

이 일어나기라도 한다면 어떻게 하려고 그런 말을 했소?"

김성일과 나는 퇴계 선생 밑에서 함께 공부를 한 사이다. 나는 김성일의 진심을 알고 싶었다. 그러자 김성일이 솔직하게 자신의 속마음을 이야기했다.

"내가 아까 그리 말한 것은 황윤길이 지금 당장이라도 전쟁이 일어날 것처럼 말하기에 걱정이 되어서 그런 것이네. 나까지 그렇다고 하면 온 나라가 동요하지 않겠는가."

나는 비로소 김성일의 행동을 이해하게 되었다.

김성일이 내게 말했다.

"일본의 분위기가 심상치 않은 것은 사실이네."

당시 좌의정(행정기관의 최고 관리)이었던 나는 일본의 침략 가능성을 무시할 수 없었다. 그래서 조정 대신들을 한자리에 불러 모았다.

"일본이 전쟁을 일으키려고 한다는 사실을 명나라 조정에 알리는 것이 좋겠지요?"

"모른 체합시다. 괜히 나섰다가 우리가 일본과 내통이라도 했다고 하면 어쩐단 말이오."

영의정(행정기관의 최고 관리로 좌의정보다 높음.) 이산해가 반대를 했다.

"아무리 생각해 봐도 '정명가도(군사를 거느리고 명나라를 치고자 한다.)'라는 말이 자꾸 마음에 걸립니다."

"마음 쓰지 마시오."

이산해는 별 대수롭지 않게 여기는 듯 했다.

하지만 나는 그냥 넘어갈 수가 없었다.

"일본과 우리가 서로 왕래하며 지내는 것은 명나라도 잘 알고 있는 사실이 아닙니까. 이웃끼리 왕래하는 것이 어떻게 문제가 되겠습니까?"

"그건 그렇소만……."

"만약에 우리가 이런 사실을 알고도 숨긴다면 그건 도리에 어긋납니다. 또한, 명나라에서 다른 경로를 통해서 이런 사실을 알게 된다면 그때는 어떻게 되겠습니까?"

"혹시라도 그런 일이 벌어진다면 우리와 일본이 정말로 내통이라도 한 것처럼 오해를 할 수도 있겠구려."

결국, 조정에서는 명나라에 사신을 보내기로 했다. 임금께서는 김응남을 동지사(명나라에 보내던 사신)로 임명해 일본이 명나라와의 전쟁을 준비하고 있다는 사실을 알렸다.

일본과 조선이 내통을 하고 있는 것은 아닌지 의심을 하고 있던 명나라 조정에서는 이번 일로 우리에 대한 의심을 거두었다.

깊이 생각해 보기 김성일은 왜 황윤길과 상반된 보고를 했나요?

황윤길과 전혀 다른 보고를 한 것은 황윤길이 당장에라도 전쟁이 일어날 것처럼 말했기 때문이다. 김성일은 백성들의 동요를 막기 위해서 일부러 그런 것이었다.

2장
― 전쟁의 징후 ―

1591년 선위사 오억령은 일본이 전쟁을 일으키려 한다는 보고를 했다

도요토미 히데요시는 소 요시토시의 부하인 야나가와 시게노부와 승려 게이테쓰 겐소를 회례사(외국에서 사신을 보내왔을 때 답례로 보내던 사신)로 삼아 다시 조선으로 파견했다.

회례사 일행은 통신사 일행과 함께 부산포에 도착했다. 통신사 일행은 곧장 한양으로 올라왔지만, 회례사 일행은 선위사가 올 때까지 부산에 머물러야 했다. 한 달 뒤, 임금께서는 일본국 사신들을 한양으로 데려 오라고 선위사 오억령을 보내셨다. 회례사 일행은 선위사 오억령을 만난 자리에서 공공연히 이렇게 떠들었다.

"내년에 우리 국왕이 조선의 길을 빌려 명나라를 치려고 합니다."

"아니, 그게 정말입니까?"

"그렇소. 명나라가 우리의 조공을 거부했기 때문에 우리 국왕이 몹시 화가 나 있소이다."

오억령은 회례사 일행의 말을 듣고 그냥 넘길 수가 없었다. 그래서 머잖아 일본이 군사를 일으켜 명나라를 치러 가려고 하니, 일본의 침

략에 대비해야 할 것이라고 보고했다. 조정에서는 근거 없는 말을 퍼뜨려서 민심을 흉흉하게 만든다고 하면서 오억령의 벼슬을 박탈했다. 오억령의 후임인 심희수도 회례사 일행을 만난 뒤 똑같은 보고를 했다. 하지만 이번에도 임금께서 받아들이지 않으셨다.

한편, 오억령은 너무 억울해서 비변사(군사 업무를 보는 관청)를 찾아갔다. 오억령은 회례사 일행을 만나 보고 진실을 밝혀달라고 청했다. 그러자 비변사에서도 임금께 요청했다.

"회례사 일행의 말이 사실인지 아닌지 알아보아야 합니다."

임금께서는 통신사로 일본에 갔던 황윤길과 김성일을 조용히 불렀다.

"그대들이 동평관으로 가서 회례사 일행을 접대하시오. 저들이 요즘 들어 공공연히 왜국이 군사를 일으켜 명나라를 치러 갈 거라고 한다던데, 저들이 그렇게 말하고 다니는 이유를 알아오시오."

황윤길과 김성일은 동평관에 머무르고 있는 회례사 일행을 찾아갔다.

김성일이 게이테쓰 겐소에게 술을 건네며 슬쩍 물었다.

"내년에 일본이 명나라를 치러 간다는 소문이 있던데, 확실합니까?"

"그렇습니다."

"일본은 왜 명나라와 전쟁을 하려는 것입니까?"

"명나라와 우리 일본 사이에 국교가 끊어진 지 오래입니다. 국교도 끊어지고 조공도 끊어진 지 오래 되었지요. 우리 국왕께서는 명나라와 다시 국교를 맺고 조공도 받고 싶어 하십니다."

게이테쓰 겐소는 술기운을 빌어 마구 떠들었다.

"그런 일이라면 사신을 보내면 되지 않습니까?"

"몇 번이고 사신을 보내 봤지만, 아무 소용이 없었으니 전쟁을 하려는 게 아니겠습니까!"

이번에는 게이테쓰 겐소가 김성일에게 술을 권했다.

"지금이라도 조선이 나서서 이런 사실을 명나라에 알리고 조공을 재개할 수 있도록 돕는 게 어떻겠습니까?"

"그건 도리에 어긋나는 일입니다."

"조선이 나서서 도와준다면 전쟁은 피할 수 있을 텐데……."

게이테쓰 겐소는 계속해서 말했다.

"전쟁이 일어나면 조선과 명나라 백성들만 고생이겠소? 고생하기는 우리 일본 백성들도 마찬가지란 말이오. 그러니 전쟁이 일어나지 않도록 서로 마음을 모으는 게 어떻겠소?"

황윤길과 김성일은 일본이 전쟁을 일으키려 한다는 사실과 조선이 명나라로 가는 데 도움을 주기 바란다는 사실을 확인했다.

회례사 일행이 제 나라로 돌아간 지 얼마 되지 않아서 대마도주 소 요시토시가 다시 부산포로 건너왔다.

"우리 일본은 명나라와 통신하기를 원합니다. 조선이 우리의 뜻을 명나라에 전한다면 아무 일도 없겠지만, 만약 그렇게 하지 않는다면 이제 조선과도 더 이상의 평화는 없을 것입니다."

조정에서는 이 일을 보고받고 소 요시토시의 무례함을 꾸짖었다. 하지만 그가 부산포에서 답을 기다리는 데도 별다른 조치를 취하지 않았다. 기다리다 지친 소 요시토시는 일본으로 돌아갔다. 그날 이후 일본에서는 더 이상 우리나라에 사람을 보내지 않았다.

깊이 생각해 보기 — 일본의 회례사가 조선에 요구하는 것은 무엇이었나요?

조선이 나서서 일본이 명나라로 가는 길을 열어 주고, 조공을 재개할 수 있게 해 달라는 것이었다. 그렇게 해 준다면 전쟁을 피할 수 있을 거라는 것이 회례사 일행의 생각이었다.

경상감사에 김수, 전라감사에 이광, 충청감사에 윤선각이 임명되었다

소 요시토시가 물러간 뒤 부산 왜관 거리에서 일본인들이 사라졌다. 그러자 백성들 사이에서는 곧 전쟁이 일어날 거라는 소문이 돌았다.

"왜적들이 곧 쳐들어온답니다!"

조정 대신들은 헛소문일 거라며 믿지 않는 척했지만, 불안해 하기는 백성들과 마찬가지였다.

"전하, 혹시라도 있을지 모르는 적의 침입에 대비해야 할 것입니다."

임금께서는 비변사의 건의를 받아들여 남쪽 지방의 사정을 잘 아는 장수들에게 남부 지방 삼도를 맡아 책임지게 하셨다.

경상감사에 김수, 전라감사에 이광, 충청감사에 윤선각이 임명된 것은 그 때문이었다.

임금께서는 새로 임명된 감사(관찰사, 지방의 최고 관리)들에게 다음과 같이 명령하셨다.

"병사를 모아 훈련시키고, 낡고 허물어진 성을 새로 쌓아라. 또, 해자(못)를 깊이 파서 적의 침입에 대비하라."

 감사들은 각자의 부임지로 흩어져서 왕명을 실천했다. 병사를 모으고, 성을 새로 쌓고 해자를 깊이 팠다. 경상도 지방에서는 성과 함께 병영까지 새로 손을 보았다.

 그러자 백성들의 입에서 불만이 터져 나왔다. 평소 농사밖에 모르던 백성들이 난생 처음 군사 훈련이다, 성을 쌓는다, 해자를 판다 하면서 여기저기 동원되었기 때문이다.

 "이렇게 태평한 시대에 전쟁은 무슨……."

 일반 백성들뿐만 아니라 알만한 지식인들 사이에서도 불만의 목소리가 높았다.

송암 이로가 내게 보낸 서신만 봐도 알 수 있다.

'내가 머물고 있는 삼가 지방만 해도 앞에 큰 강이 흐르고 있소. 왜적이 어떻게 이 큰 강을 뛰어넘는다는 말이오. 그런데도 새로 성을 쌓으라니 참으로 답답한 노릇이 아닐 수 없소.'

혹시라도 있을지 모르는 전쟁을 대비하자는 것이 이렇게 비난을 받아야 할 일인가. 끝이 보이지 않는 바다를 사이에 두고도 막지 못한 것이 왜적이다. 그런데 손바닥만 한 강 하나를 믿고 왜적을 막아낼 수 있다고 믿는 어리석은 자들이여. 아, 이 답답한 심정을 어디다 털어놓으랴.

떠도는 소문처럼 머잖아 전쟁이 일어날지도 모르는 시기였다. 혹시라도 있을지 모르는 전쟁을 대비하기 위해서는 더 많은 병사를 길러내고, 더 높이 성을 쌓고, 더 깊이 해자를 파야 했다. 내 고장의 지형지물을 이용해 적을 방어할 계획을 세우고, 오랫동안 사용하지 않았던 병기를 손보아야 했다.

지난 백여 년 동안, 우리 백성들은 전쟁이라는 것을 모르고 살았다. 큰 어려움 없이 너무 편하게만 살아왔기 때문에 미처 전쟁에 대한 대비를 하지 못했다. 그래서 해야 할 일은 많았고, 제대로 되고 있는 일은 별로 없었다.

나는 성은 규모가 작더라도 튼튼해야 한다고 생각했다. 그런데 새로 쌓은 성은 규모만 클 뿐 적의 공격을 막아내야 하는 본래 기능을 제대로 발휘하지 못했다. 특히 진주성의 경우가 그랬다.

진주성은 원래 남강 기슭에 있는 높고 가파른 언덕 위에 쌓은 성이었다. 규모는 작지만 적을 방어하기에는 안성맞춤인 곳이다.

"성의 규모가 너무 작은 것 같소. 동쪽에 새로 성을 쌓읍시다."

경상감사 김수는 진주성의 규모가 너무 작다고 판단했다. 그래서 동쪽에 있는 평지로 성을 옮겨 크게 지으려고 했다.

그러자 병사 이수일이 문제점을 제기했다.

"성을 너무 크게 지으면 제대로 방어하기가 어렵습니다."

"병사의 수를 늘리면 해결될 문제가 아닌가!"

김수는 이수일의 충고를 귀 기울여 듣지 않았다.

진주성은 과거에 비해 규모가 커졌지만, 결국에는 그 때문에 적의 침입에 쉽게 무너지고 말았다. 그럴 수밖에 없었던 것이 군을 지휘하던 관리들 대부분이 무관이 아닌 문관이었다. 그들은 책으로만 지식을 쌓았기 때문에 실제적인 경험이 부족했다.

성 쌓는 법뿐만 아니라 병법을 활용하는 방법, 장수를 선발하는 방법, 군사를 훈련시키는 방법 등도 제대로 알고 있는 관리들이 별로 없었다. 그래서 전쟁이 일어나자, 우리 군은 속절없이 패배하고 말았다.

깊이 생각해 보기 백성들은 왜 나라에서 하는 일에 불만을 제기했나요?

전쟁의 기미도 보이지 않는데, 군사 훈련이나 부역(성을 쌓고 해자를 파는 일) 등으로 여기저기 불려 다녀야 했기 때문이다.

1591년 2월, 이순신이 전라 좌도 수군절도사가 되었다

일본이 침략할지도 모른다는 막연한 불안감이 확대되자, 임금께서는 비변사와 각 대신들에게 재능 있는 장수를 추천하라고 명령하셨다.

나는 형조정랑(법률을 담당하던 기관의 관리) 권율과 정읍현감(정읍현의 관리) 이순신을 추천했다. 당시만 해도 권율과 이순신은 모두 하급 무관이었다. 나는 평소 권율과 이순신의 재주를 높이 샀다. 그중에서도 이순신은 어릴 때 나와 한 동네에서 자라 더 마음이 쓰였다. 이순신은 어려서부터 겁이 없고, 말타기와 활쏘기를 좋아했다. 이순신은 한때 유학을 공부하기도 했으나 글 읽는 것보다 무예를 더 좋아해서 무관의 길을 걷게 되었다.

무과에 급제한 이순신이 조산만호(함경북도 조산에서 근무하던 무관)로 있을 때, 여진족이 국경을 넘어와 우리 병사들을 해치고, 백성들을 포로로 끌고 간 일이 있었다. 이때 이순신은 곧장 여진족의 뒤를 쫓아가 무찌르고 인질들을 무사히 데리고 돌아왔다. 뿐만 아니라 후에 여진족 두목 우을기내를 유인해 사로잡는 등 큰 공을 세웠다.

이순신은 이외에도 크고 작은 공을 많이 세웠다. 하지만 명성에 비해 그의 벼슬은 터무니없이 낮았다. 이순신이 공에 비해 벼슬이 낮았던 것은 그가 자기 공을 따지거나 높은 사람들에게 아부를 할 줄 몰랐기 때문이었다.

이순신이 무과에 합격해 훈련원 봉사(병사들을 훈련시키던 기관의 하급 관리)로 임명되었을 때의 일이다. 병조판서(군사 관련 기관의 최고 관리) 김귀영이 이순신과 자기 딸을 혼인시키려고 했다. 그러자 그는 이제 막 벼슬을 시작한 처지에 권력가에게 빌붙어 승진하고 싶지 않다면서 거절했다.

훈련원 장무관(장관 밑에서 사무를 보던 관리)으로 있을 때는 이런 일도 있었다. 병조정랑(군사 관련 기관인 병조의 상급 관리) 서익이 자신의 친구를 서열과 상관없이 추천해서 쓰려고 하자, 이순신이 반대를 했다. 그러자 주변 사람들이 병조정랑에게 잘못 보여서 어떻게 하려고 하냐면서 이순신을 회유하려고 들었다. 하지만 이순신은 자신의 소신을 굽히지 않았다.

그런 올곧은 성격 탓에 이순신은 과거에 오른 지 14년 만에야 비로소 정읍현감이 되었다. 이순신은 정읍과 더불어 현감 자리가 비어 있던 인근 태인 지방까지 함께 다스렸는데, 태인 백성들이 어사에게 이순신을 자기 고을의 현감으로 삼게 해 달라고 청원을 할 정도로 백성들의 신임을 얻었다.

그는 누가 뭐라고 해도 능력 있는 장수였다. 임금께서 재능 있는 장

수를 추천하라고 하시자, 한 치의 망설임도 없이 이순신을 추천했다.

"정읍현감으로 있는 이순신은 성종 때 홍문관박사(왕의 자문기관 관리)를 지낸 이거의 자손으로 수사직을 맡을 만한 능력이 있습니다."

내가 이순신을 전라 좌도 수군절도사(전라도 동부 지방의 수군을 지휘 감독하는 관리)로 천거한 데는 다 그럴만한 이유가 있었다.

전쟁을 할 때 제일 중요한 것 중에 하나가 식량이다. 전라도 지방은 곡창 지대로 예로부터 쌀 생산량이 많은 곳이었다. 만약에 일본군이 전라도를 차지한다면 우리 군은 식량을 구하지 못해서 곤란을 겪게 될 것이다. 나는 이순신으로 하여금 어떻게 해서든지 전라도 지방을 지키도록 할 생각이었다. 그러나 이순신을 수사 자리에 추천하자, 대신들의 반대가 빗발쳤다. 그의 갑작스런 승진을 받아들이기 힘들었던 것이다.

"전하, 이순신은 이제 겨우 현감입니다. 아직 군수로 부임도 하지 않은 자를 수사로 삼겠다니 가당치 않사옵니다."

"그러하옵니다, 전하. 일개 현감이 어떻게 수사직을 감당할 수 있겠습니까? 아무리 나라에 쓸 만한 인재가 없다고 해도 이건 말도 안 됩니다."

그러자 임금께서 직접 나서서 대신들을 설득하셨다.

"능력 있는 장수가 한 사람이라도 더 필요한 때에 관직의 높고 낮음을 따져서 무얼 하겠소."

임금께서는 여러 대신들이 반대를 했지만, 이순신을 전라 좌도 수군절도사에 임명했다. 이순신은 전라 좌수영 본영이 있는 여수로 내려갔다. 이순신은 일본은 섬나라이니 수군이 강할 것으로 예상하고, 수전을 대비해 병사를 훈련시키고, 병기를 점검하며 적의 침입에 대비했다.

깊이 생각해 보기 이순신을 수군절도사로 추천한 까닭은 무엇인가요?

이순신은 관직에 나와 크고 작은 공을 세웠다. 그는 재능도 있고 소신도 있는 장수였으나 아부를 할 줄 몰라 하급 관리에 머물렀다. 류성룡은 이순신이 자신의 재능을 마음껏 펼쳐 보였으면 하고 수군절도사로 추천했다.

1592년 2월, 신립과 이일을 변방으로 파견했다

　조정에서는 신립과 이일을 지방으로 내려 보냈다. 혹시라도 있을지 모르는 적의 침입에 대비해 지방의 군사 시설을 점검하기 위해서였다. 신립은 경기도와 황해도가 있는 북쪽 지방으로 올라갔고, 이일은 충청도와 전라도가 있는 남쪽 지방으로 내려갔다.

　한 달 뒤에 두 사람은 한양으로 돌아와서 점검 결과를 보고했다. 두 사람의 보고는 아주 형식적이었다. 나는 이들이 지방의 군사 시설을 제대로 점검하고 온 게 맞는지 의문을 떨칠 수가 없었다.

　신립과 이일은 조선 최고의 명장이라고 할 수 있다. 이들은 과거에 북방 여진족을 상대로 큰 공을 세웠다. 여진족뿐만 아니라 해안을 침범한 왜구를 물리친 경험도 있다. 그래서인지 신립과 이일은 일전에 물리쳤던 왜구처럼 일본군도 손쉽게 물리칠 수 있다고 자신만만해 했다. 나는 그런 그들이 걱정스러웠다. 특히 신립의 경우가 더 그랬다.

　한양에 머물던 신립이 나를 찾아왔다.

　"그대가 어쩐 일인가?"

"지나는 길에 대감께 인사를 드리려고 들렀습니다."

나는 신립에게 솔직히 물었다.

"머잖아 전쟁이 일어날 거라고들 하네. 만에 하나 전쟁이 일어난다면 그대는 왜적을 막아낼 자신이 있는가?"

신립이 대답했다.

"걱정하지 마십시오. 늘 하던 일 아닙니까?"

신립은 일본의 침략을 대수롭지 않게 여기는 듯했다.

"그리 간단하게 생각할 문제가 아니네. 과거에는 왜적이 칼로 싸웠지만, 지금은 조총을 가지고 있지 않은가?"

신립은 여전히 자신만만했다.

"그 조총이라는 게 쏘는 족족 다 맞는 건 아니지 않습니까?"

조총은 엄청난 위력을 가진 신무기였다. 그런데 신립은 조총의 위력을 잘 모르고 그렇게 말했다. 나는 그래서 더 걱정이 되었다.

"자네가 더 잘 알겠지만, 그동안 우리나라는 전쟁이라는 것을 전혀 모르고 살았네. 그런데 갑자기 전쟁이라도 일어난다면 무슨 수로 적을 막아낼 것인가? 지금부터라도 조금씩 전쟁을 대비한다면 해가 거듭할수록 우리 군도 강해지겠지. 허나 지금은 아무 준비도 되어 있지 않으니, 걱정을 아니 할 수가 없네."

"대감, 걱정이 지나치십니다."

신립은 나에게 쓸데없는 걱정이 많은 것 같다고 했다.

신립이 온성부사(함경북도 온성 지방의 관리)로 있을 때, 종성이 여진족에게 포위된 적이 있었다. 신립은 10여 명의 부하를 이끌고 가서 여진족을 물리쳤다. 조정에서는 신립의 공을 아주 높이 샀다. 그래서 그는 단숨에 북병사, 평안병사로 승진했고, 병조판서를 목전에 두게 되었다.

신립의 기세가 어찌나 등등하던지, 중국 조나라의 조괄이 진나라를 업신여기던 것과 다르지 않았다. 조괄은 한나라를 도와 진나라 대군을 격파하는 데 큰 공을 세우고 높은 벼슬에 오르자, 자신이 마치 병법의 대가인 척 굴었다. 조괄의 아버지인 조사는 아들이 장수감이 아니라고 생각했다. 그래서 죽기 전에 아들이 또다시 장수가 되어 전쟁에 나가면 집안이 망할 것이니, 전쟁터에 나가지 못하게 하라고 부인에게 유언을 남겼다. 어머니의 만류에도 불구하고 또다시 전쟁터에 나간 조괄은 이번에도 진나라를 만만하게 봤다가 싸움에서 크게 패했다. 내가 신립을 염려하는 것도 같은 맥락이다.

전란이 일어날지도 모르는 중요한 순간이었다. 만반의 준비를 갖추어도 모자랄 시기였다. 허나 이름 있는 장수들은 아무 준비도 하지 않았다. 그들은 쉽게 싸워 이길 수 있다고 자만하고 있었다.

> **깊이 생각해 보기** **신립은 왜 류성룡에게 걱정이 지나치다고 했나요?**
> 신립은 과거에 왜구와 싸워 본 경험이 있기 때문에 일본을 만만하게 보았다. 하지만 류성룡은 과거와 달리 조총을 가지고 있는 일본을 경계해야 한다고 생각했다.

3장

— 임진왜란이 일어나다 —

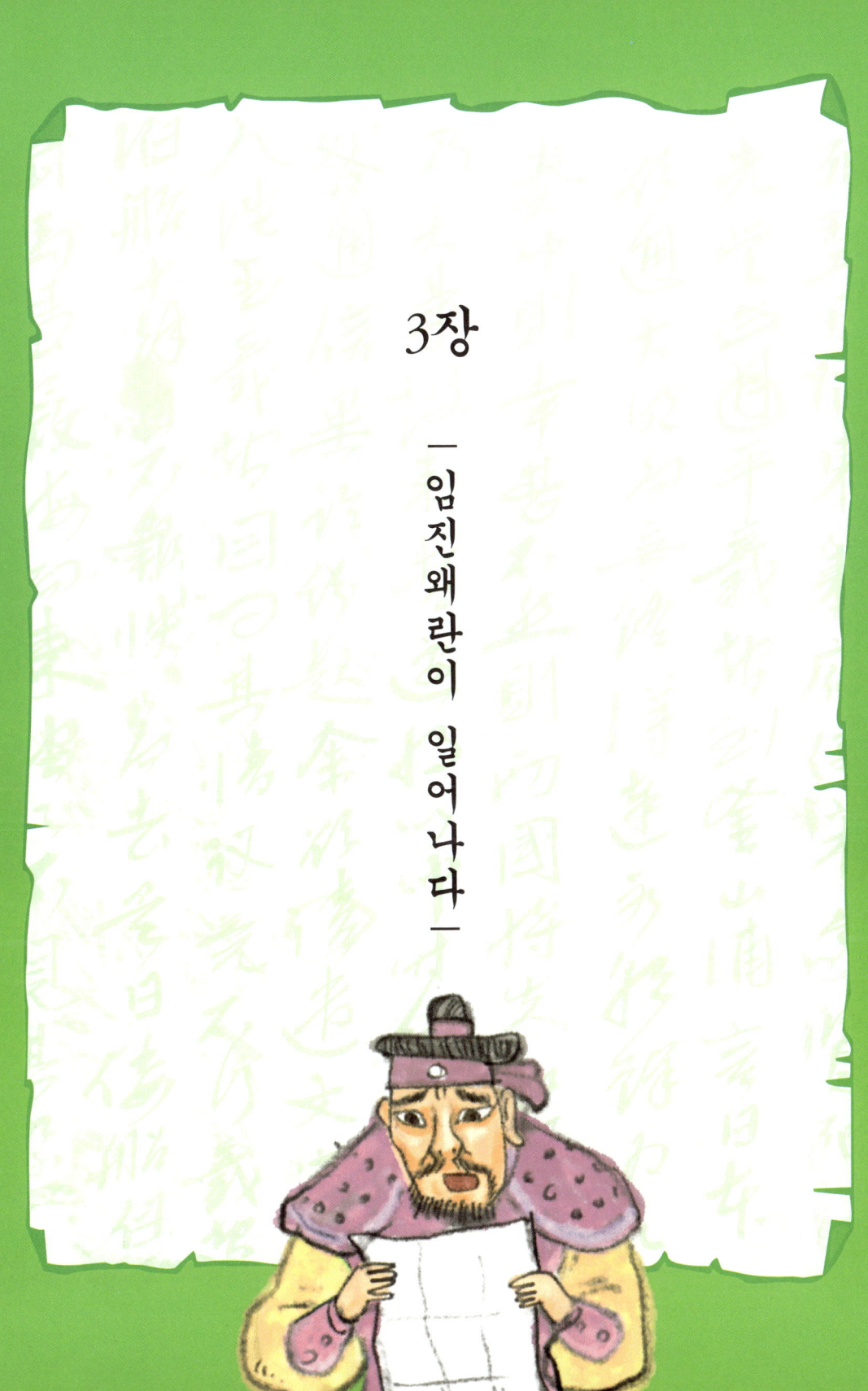

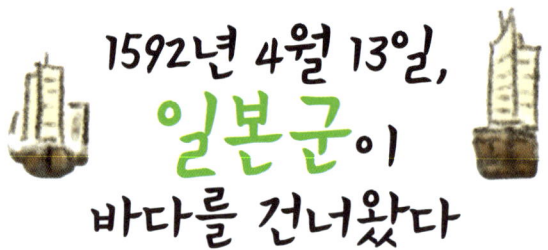

1592년 4월 13일, 일본군이 바다를 건너왔다

새벽안개가 짙게 낀 이른 아침이었다.

선봉대장(제일 앞에서 부대를 지휘하는 장수) 고니시 유키나가가 이끄는 일본군 1만 8천여 명이 4백여 척의 병선에 나누어 타고 부산 앞바다에 나타났다.

대마도를 출발한 일본군 선발부대는 절영도(부산 영도구에 있는 섬) 앞바다에서 잠시 머무르면서 우리 군의 움직임을 살폈다. 그런 다음 목적지인 부산포로 향했다.

"장군, 못 보던 배가 우리 앞바다에 나타났습니다. 왜나라 배인 것 같습니다!"

부산진을 지키던 수군첨절제사(수군의 무관) 정발은 일본 배가 우리 앞바다에 나타났다는 보고를 받았다.

"지금 당장 경계 태세에 돌입하라."

정발은 혹시라도 있을지 모르는 일본군의 공격에 대비하라고 지시한 뒤, 적의 동향을 살펴보기 위해서 바다로 나갔다. 배를 타고 바다로 나간 정발은 깜짝 놀랐다. 헤아릴 수 없을 정도로 많은 배들이 부산포를 향해 오고 있었기 때문이다.

"지금 당장 배를 돌려라!"

정발은 급히 뱃머리를 돌려 포구로 돌아왔다.

"전선이 적의 손에 들어가지 않도록 모두 침몰시키고, 지금 당장 전투 태세에 돌입하라!"

정발은 전투선이 적의 손에 들어가서 아군에게 피해를 끼칠까 봐 모두 침몰시키라고 명령했다. 그런 다음 성 안으로 들어

갔다.

"성문을 굳게 닫아걸고 전투 준비를 하라."

정발은 부산진성 안으로 들어가 부하들과 대책을 의논했다.

"몇 척이나 되는 것 같은가?"

"4백여 척가량 됩니다."

"4백여 척이면 대략 만 명쯤 타고 있겠군."

"우리 병력으로는 감당하기 어려운 숫자입니다."

"잠시만 기다려보게."

정발은 경상 좌수사 박홍, 경상 우수사 원균, 동래부사 송상현에게 전령을 보내 왜적이 쳐들어 왔다고 알렸다. 그런 다음에 적과 맞설 준비를 했다. 부산진성에는 약 1천여 명의 병력이 있었다.

"각 진영에 지원군을 요청했으니, 어떻게든 버티자!"

정발은 1천여 명의 병사들과 성 안에 살고 있는 백성들을 총 동원해서 일본군과 맞서 싸우기로 했다.

"장군, 적이 육지에 상륙했습니다!"

정발은 적의 움직임을 살피기 위해서 남문 위로 올라갔다.

일본군 정찰대가 육지에 상륙했다. 그중에 하나가 성 가까이 다가와서는 성벽 위로 화살을 쏘았다. 화살에는 이런 종이가 매달려 있었다.

"우리는 조선과 싸우고 싶지 않다. 그러니 명나라로 가는 길을 빌려 달라."

정발은 한 치의 망설임도 없이 답했다.

"명나라로 가는 길을 왜 조선에서 빌리나. 이치에 맞지 않으므로 길을 빌려줄 수 없다."

일본군은 정발의 답을 받고 자신들의 배로 물러났다.

정발은 성 안을 돌아다니며 부하들을 격려했다.

"적이 언제 기습할지 모르니 정신을 바짝 차려야 하네!"

4월 14일 새벽에 안개가 짙게 끼었다. 짙은 안개 때문에 한 치 앞도 보이지 않았다. 일본군은 안개를 틈타 육지에 상륙했다. 일본군 선봉부대는 부산진성을 겹겹이 둘러싸고, 성 안을 향해 조총을 마구 쏘았다.

"버텨라! 지원군이 올 때까지 버텨야 한다!"

수군첨절제사 정발과 성 안에 있던 모든 사람이 있는 힘을 다해 싸웠지만, 일본군을 막기에는 역부족이었다. 결국, 정발과 부산진성 안에 있던 사람들 모두가 장렬하게 싸우다 전사했다.

부산진성을 점령한 고니시 유키나가는 별동부대를 서평포(사하)와 다대포로 보냈다. 서평포의 우리 군은 저항 한 번 못해 보고 전멸했다. 다대포 첨사 윤흥신은 부하들과 함께 맞서 싸웠지만, 결국에는 전사했다. 아무도 일본군의 진격을 막지 못했다.

깊이 생각해 보기 조선군은 왜 일본군을 막아내지 못했나요?

일본군은 조선군보다 몇 배나 많았고, 일본군은 조총이라는 신무기를 가지고 있었기 때문에 조선군은 일본군의 적수가 되지 못했다.

4월 15일, 일본군이 동래성을 공격했다

동래는 일본인이 우리나라로 들어오던 관문이었다. 일본인들이 머물던 왜관과 일본과의 교역을 담당하던 부산창이 멀지 않은 것만 봐도 알 수 있다.

동래부사 송상현은 부산진성에서 온 전령의 말을 듣고 전투 태세에 돌입했다. 인근 병영 장수들도 동래를 지키기 위해 속속 동래성으로 모여들었다.

송상현은 울산에서 온 이각의 손을 맞잡았다.

"어서 오시오. 이렇게 와 주어서 고맙소."

경상도에는 좌도와 우도가 있었다. 경상 좌도는 경상 좌병사가 울산 좌병영에서 지휘를 하고, 경상 우도는 경상 우병사가 합포(창원) 우병영에서 지휘를 했다.

울산 좌병사 이각은 경상 좌도의 관할 구역에 일본군이 쳐들어왔다는 보고를 받았다. 이각은 병력을 이끌고 부산진성으로

가다가 부산진성이 함락되었다는 소식을 전해 듣고 급히 동래성으로 왔다.

"적의 병력이 얼마나 됩니까?"

"2만이 조금 못 된다 들었소."

"성 안의 병력만으로는 적을 막기에 턱 없이 부족하구려."

이각은 싸울 생각은 하지 않고, 어떻게 해서든 도망갈 생각만 했다.

"그대는 성을 지키시오. 나는 가서 지원군을 더 모아오겠소."

"여기까지 왔는데 또 어디를 가려고 그러십니까? 그러지 말고 힘을 합해 적을 물리칩시다."

송상현은 이각을 설득해서 함께 싸우려고 했지만 이각은 듣지 않았다.

"아무리 생각해도 우리는 밖에서 돕는 게 낫겠소."

좌병사 이각은 허겁지겁 동래성에서 나와 소산역(부산 금정) 쪽으로 달아났다. 그가 얼마나 서둘렀던지 이각의 부하들은 무기도 하나 챙기지 못했다. 이각이 떠난 빈자리는 양산군수(양산군을 다스리던 관리) 조영규와 울산군수(울산군을 다스리던 관리) 이언성이 채웠다.

송상현은 서둘러 동래성 남문에 지휘소를 마련했다. 각지에서 모인 장수들이 그곳에서 의견을 나누었다.

"장군, 적의 수가 너무 많습니다. 일단 물러난 뒤에 다시 싸우는 것이 어떻겠습니까?"

"아니 될 말일세!"

"그렇다면 내성을 버리고 북문 쪽에서 싸우면 어떻겠습니까? 북문 쪽은 성채가 높아서 적의 공격을 막아내기가 한결 낫습니다."

"그것도 아니 되네. 성주가 성을 지키지 않고 어디로 간다는 말인가."

송상현은 동래성을 반드시 지켜야 한다고 주장했다.

그때, 한 병사가 다급한 목소리로 송상현을 찾았다.

"장군, 밖으로 좀 나와 보십시오!!"

송상현은 무슨 일인가 하고 지휘소 밖으로 나왔다.

"장군, 저기를 좀 보십시오."

성 아래에 한 일본군이 팻말을 들고 서 있었다.

'싸울 테면 싸우고 싸우지 못할 것 같으면, 우리에게 길을 빌려 달라.'

적장이 싸울 것인가 말 것인가를 묻고 있었다.

송상현은 결단을 내려야 했다.

'싸워서 죽기는 쉬워도 길을 빌려주기는 어렵다.'

동래부사 송상현은 이렇게 쓴 널빤지를 일본군이 있는 성 밖으로 내던졌다.

"이제 곧 싸움이 시작된다. 한 사람도 뒤로 물러서지 마라!!"

송상현의 말이 채 끝나기도 전에 일본군의 공격이 시작되었다. 일본군은 조총을 앞세워 동래성을 공격했다. 우리 병사들은 활과 창으로 조총을 가진 일본군과 맞서 싸웠다.

"장군, 성벽이 무너지고 있습니다!!"

오후가 되자, 동문 쪽의 성벽이 무너져 내렸다. 그러자 무너진 성벽을 통해 일본군이 쏟아져 들어왔다.

남문에서 지휘를 하던 송상현은 일본군에게 사로잡혔다.

"목숨을 구해주랴?"

"필요 없다. 그냥 죽여라!"

송상현은 그 자리에서 죽음을 택했다. 그의 충성심에 감동한 고니시 유키나가는 송상현의 시신을 거두어 성 밖에 묻어 주었다.

깊이 생각해 보기 — 송상현은 왜 목숨을 구걸하지 않았을까요?

송상현은 성은 성주가 지켜야 한다고 생각했다. 그는 일본군에게 사로잡힌 뒤에도 목숨을 구걸하느니 명예로운 죽음을 택했다.

4월 19일, 일본 제3군이 부산포 앞바다에 나타났다

대마도에 머물고 있던 가토 기요마사는 고니시군이 부산 상륙에 성공했다는 보고를 받았다. 가토 기요마사는 2만 2천여 명의 부하들을 이끌고 대마도를 떠나 부산으로 향했다.

4월 19일, 가토군은 무사히 부산에 상륙했다. 이미 부산 전역이 일본군의 손에 들어가 있어서 그들은 아무 저항도 받지 않고 부산에 상륙할 수 있었다.

가토군은 장기와 기장을 지나서 경상 좌도 병영이 있는 울산으로 향했다. 군사적 요충지인 울산을 차지하기 위해서였다.

그 시각, 고니시 유키나가가 이끄는 일본 제1군은 밀양에 있었다. 동래성을 함락한 고니시군은 기세를 몰아 양산으로 이동했다. 양산군수 조영규는 동래성 전투에서 이미 전사했다. 그래서 고니시군은 손쉽게 양산을 손에 넣을 수 있었다.

한편, 동래 전투를 지원하러 나갔던 밀양부사 박진은 동래성으로 가던 길에 좌병사 이각을 만났다. 소산역에서 방어진을 구축하고 있던 박진은 우리 군이 동래성 전투에서 패했다는 소식을 듣자마자, 작원관으로 후퇴했다.

부산에서 양산을 지나 밀양으로 가기 위해서는 반드시 삼랑진에 있는 작원을 거쳐 가야 했다. 박진은 동래를 점령한 일본군이 작원으로 올 거라고 예상하고, 숨어서 적을 기다렸다. 양산을 점령한 일본군 주력 부대는 낙동강을 따라서 밀양으로 진격했고, 별동 부대는 산악 지대로 해서 밀양으로 전진했다.

박진은 양산 쪽에서 오는 일본군 주력 부대를 기습하려고 기다리고 있다가 산을 넘어온 일본군 별동 부대에게 오히려 기습을 당했다. 그런 데다가 일본군 주력 부대까지 작원에 거의 도착했다는 보고를 받고 밀양으로 후퇴했다.

"병기와 창고를 불태워라!"

박진은 밀양성에 있는 병기와 창고를 모두 불태웠다. 무기와 식량이 적의 손에 들어가는 것을 막기 위해서였다. 그런 다음 박진은 성을 버리고 달아났다. 그렇게 고니시군은 피 한 방울 흘리지 않고 밀양성까지 점령했다.

같은 날, 구로다 나가마사가 이끄는 일본 제3군이 부산포 앞바다를 거쳐 죽도에 상륙했다. 구로다군은 1만 1천여 명에 달했다.

김해부사 서예원은 낙동강 하구에 있는 죽도라는 섬에 초선(보초병을 태운 배)을 대기시켜 놓고 있었다. 혹시라도 있을지 모르는 적의 침입을 경계하고 감시하기 위해서였다.

죽도에 상륙한 구로다군은 초선을 발견하고 빼앗으려고 들었다. 그러자 배에 타고 있던 보초병들이 배를 버리고 달아났다. 구로다군은 달아나는 보초들을 쫓아서 김해성에 다다랐다.
　김해부사(김해를 다스리던 관리) 서예원은 남문에서, 서예원을 도우러 온 초계군수(합천을 다스리던 관리) 이유겸은 서문에서 성문을 굳게 닫아걸고 적의 공격에 대비했다.
　김해성을 포위한 구로다군은 조총을 쏘며 사방에서 공격해 왔다. 하지만 성벽이 높고 해자가 깊어서 성 안으로 들어갈 수는 없었다.
　구로다 나가마사가 부하들을 재촉했다.
　"성 안으로 들어갈 무슨 좋은 방법이 없는가?"
　"대장, 들판에 보리가 지천입니다."

"지금 이 상황에서 보리라니? 보리가 다 무슨 소용이란 말인가?"

"대장, 보리를 베어 성 높이만큼 쌓으면 성 안으로 들어갈 수 있지 않겠습니까?"

구로다 나가마사는 그 말을 듣고 들판의 보리를 전부 베어 내게 했다. 그런 다음에 베어 낸 보리로 해자를 메우고, 성벽 높이만큼 높게 쌓았다.

"나리, 큰일 났습니다!"

"무슨 일이냐?"

"적들이 성벽을 넘어옵니다!"

일본군은 보리를 성벽 높이만큼이나 쌓아 올린 다음, 그것을 딛고 올라서서 성벽을 넘어왔다. 순식간에 일어난 일이었다.

김해부사 서예원과 초계군수 이유겸은 일본군이 성 안으로 들어오기 전에 성을 버리고 달아났다. 성 안에 남은 백성들은 어떻게 해서든지 적과 맞서 보려고 했지만, 끝내 성은 함락되고 말았다.

> **깊이 생각해 보기** 일본군이 들판의 보리를 다 벤 까닭은 무엇인가요?
> 일본군은 김해성의 성벽이 높고 해자가 깊어 성 안으로 들어가지 못했다. 그래서 들판의 보리를 베어 해자를 메우고, 성벽 높이만큼 쌓아 성 안으로 들어갔다.

경상감사 김수가 경상도 여러 고을에 격문을 보냈다

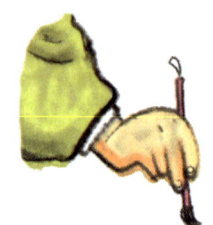

경상감사 김수는 일본군이 부산진성에 상륙했다는 보고를 받고, 진주성을 떠나 동래성으로 향했다.

"장군, 동래성이 이미 함락되었다고 합니다."

김수는 동래성으로 가는 도중에 동래성이 함락되었다는 소식을 들었다. 김수가 어디로 가야 할지 몰라서 망설이고 있는데, 연이어 보고가 들어왔다.

"장군, 양산이 불탔다고 합니다."

김수는 동래에 이어 양산마저 적의 손에 들어갔다는 말을 듣고 밀양을 지키러 가기로 마음을 먹었다.

"도내 각 군현에 격문을 띄워 밀양으로 군사를 집결하게 하라."

김수는 밀양으로 가서 일본군과 맞서 싸울 생각이었다.

"경상도는 물론이고 전라도에도 군사를 요청하게."

김수는 전라감사 이광에게 지원군을 요청하는 협조문을 띄웠다.

김수는 경상도는 물론이고, 인근 전라도의 병력까지 모두 밀양에 집

결시켜 적을 막아낼 생각이었다. 김수가 부하들을 이끌고 밀양으로 가려고 하는데, 또 다른 보고가 들어왔다.

"장군, 밀양마저 적의 손에 들어갔다고 합니다."

"그게 정말인가?"

"밀양부사 박진이 보낸 보고이니 틀림없습니다."

"밀양마저 적의 손에 들어가다니……."

김수는 부산에 상륙한 일본군이 단 며칠 만에 밀양까지 손에 넣었다는 보고를 받고 커다란 충격을 받았다.

"닷새 만에 밀양까지 점령하다니……. 적은 우리가 대적할 수 있는

상대가 아닌 것이 분명해."

김수는 좌불안석이었다.

"지금부터 각 군현에 격문을 띄워서, 이 격문을 받는 즉시 일본군을 피해 달아나라고 하게."

김수는 나가 싸워도 모자랄 판에 적을 피해 달아나라는 격문을 띄웠다. 격문은 곧 경상도 지방 곳곳으로 전해졌다. 김수의 격문을 받은 지방관들은 잔뜩 겁을 집어 먹고 숨을 곳을 찾아 마을을 떠났다. 병사들도 싸울 의지를 잃고 뿔뿔이 흩어졌다.

경상감사 김수는 제대로 한 번 싸워 보지도 않고, 밀양에서 가야를 거쳐 거창으로 도망을 쳤다.

한편, 용궁현감(예천 지방의 관리) 우복룡과 그의 부하들은 병영으로 가는 길에 영천의 한 길가에서 밥을 먹고 있었다. 일행이 밥을 먹고 있을 때, 방어사에 소속된 하양현(경산)의 병사 수백 명이 그 앞을 지나

갔다.

　우복령은 자신을 보고도 말에서 내리지 않고 그냥 지나가는 하양현 병사들이 괘씸했다.

　"네 이놈들! 네놈들이 하는 짓을 보니 반란군이 틀림없구나!"

　우복령은 하양현 병사들을 반란군으로 몰아세웠다.

　"나리, 오해십니다."

　하양현 병사들은 방어사(조선 시대에 군사 요지에 파견하던 관직)에게 받은 공문을 보여 주며 억울함을 호소했다.

"우리 군은 방어사에 소속되어 있으며, 북쪽으로 오라는 지시를 받고 가는 길입니다."

하지만 우복령은 되레 병사들에게 호통을 쳤다.

"딱 보기만 해도 반란군인데 감히 어디서 거짓을 고하는가!"

"나리, 억울합니다."

하양현 병사들이 억울하다고 호소했지만, 아무 소용이 없었다. 반란군으로 몰린 하양현의 병사들은 우복령의 부하들에게 죽임을 당했다.

용궁현감 우복령은 경상감사 김수에게 반란군을 진압했다고 보고했다. 아무것도 모르는 김수는 우복령의 공이 크다고 칭찬했고, 훗날 임금께서는 우복령을 통정대부(고위관리) 자리에 오르게 했다.

깊이 생각해 보기 경상감사 김수는 왜 싸워보지도 않고 도망을 쳤을까요?

경상감사 김수는 부산에 상륙한 적이 닷새 만에 동래, 양산, 밀양까지 다 점령하자, 조선군은 일본군의 적수가 되지 못한다고 생각했다. 그래서 지레 겁을 먹고 달아난 것이다.

4장

계속되는 패배

1592년 4월 17일, 경상 좌수사 박홍의 장계가 조정에 도착했다

이른 새벽에 경상 좌수사 박홍이 보낸 장계(보고 문서)가 도착했다. 일본군의 부산포 침략을 알리는 장계였다.

"우려하던 일이 현실이 되었구려."

"장차 이 일을 어쩌면 좋겠소."

빈청(대궐 안 회의실)에 모인 조정 대신들이 술렁였다.

"자, 자, 여기서 이럴 게 아니라 전하를 뵈러 갑시다."

대신들과 비변사(국방 문제를 다루는 기관)는 대전(임금이 머무르는 궁궐)으로 자리를 옮겼다.

"전하께 뵙기를 청하게."

대신들은 임금께 뵙기를 청했다.

"물러가 계시라는 분부입니다."

어찌된 영문인지 임금께서는 만남을 허락하지 않으셨다.

"한시가 급한 일인데……."

대신들은 대전에서 발만 동동 굴렀다.

"이럴 게 아니라 빈청으로 물러나 이번 사태를 어떻게 하면 좋을지 뜻을 모아봅시다."

대신들은 다시 빈청으로 물러나 비변사와 의논했다.

"이번 일을 어떻게 처리하는 게 좋겠소?"

"유능한 장수들을 지방으로 내려보냅시다."

"그게 좋겠소."

대신들은 몇 차례 의논 끝에 이일을

순변사(변방의 군사 시설을 점검하던 특사)로, 성응길을 좌방어사(지방의 군사 요지에 파견되던 관리)로, 조경을 우방어사로, 유극량과 변기를 각각 조방장(적의 침입을 방어하던 장수)으로 삼고, 경주부윤(경주를 다스리던 지방관) 윤인함 대신 전 강계부사(평안북도 강계를 다스리던 관리) 변응성을 경주부윤으로 교체하기로 뜻을 모았다.

대신들은 임금께 회의 결과를 올리고 허락이 떨어지기를 기다렸다.

그러는 사이에 부산진성이 함락되었다는 장계와 동래성이 함락되었다는 장계가 연이어 도착했다.

"어쩌다가 나라가 이 지경이 되었을꼬!"

"부산에 이어 동래까지 무너지다니 믿을 수가 없소이다."

"아, 이 일을 어쩌면 좋단 말인가!"

대신들은 비로소 사태의 심각성을 깨닫게 되었다.

조금 있다가 임금의 허락이 떨어졌다.

'순변사 이일을 문경새재가 있는 중부 지방으로, 좌방어사 성응길을 죽령이 있는 동쪽 지방으로, 우방어사 조경을 추풍령이 있는 서쪽 지방으로, 조방장 유극량을 죽령으로, 조방장 변기를 조령으로 각각 내려 보내되 이들 모두 스스로 병사를 선발해 가도록 하라.'

순변사로 임명된 이일은 병조(군사 업무를 담당하던 기관)로 갔다. 병조에는 병사를 뽑은 문서가 보관되어 있었다.

이일은 문서를 토대로 정예병사 3백여 명을 선발할 생각이었다. 그런데 아무리 눈을 씻고 찾아보아도 쓸 만한 병사가 없었다. 이일이 원하는 병사는 날래고 용감한 병사였는데, 문서를 보고 뽑은 병사들은 하나같이 군사 훈련도 제대로 받아본 적이 없는 자들이었다. 게다가 그들은 전쟁터에 가기 싫어서 서로 눈치만 살피고 있었다.

"답답하다, 답답해!"

이일은 제대로 훈련 받은 병사를 구하지 못해서 명령을 받고도 사흘을 한양에서 허비했다.

별장(병사들을 관리하던 임시 벼슬) 유옥이 이일을 걱정하며 말했다.

"장군, 한시가 급하니 먼저 떠나십시오. 제가 어떻게든 병사를 모아 뒤따라가겠습니다."

"그래 주겠는가?"

"소인이 얼른 쓸 만한 병사를 모아 뒤따라 갈 테니 먼저 가 계십시오."

"그럼, 자네만 믿겠네."

이일은 병사도 대동하지 못하고 중부 지방으로 내려갔다.

> **깊이 생각해 보기** 이일은 왜 병사도 없이 싸우러 내려갔나요?
> 이일은 잘 훈련된 병사를 이끌고 싸우러 가고 싶었다. 하지만 이일이 원하는 날래고 용감한 병사를 구하지 못했다.

임금께 병조판서를 교체해 달라고 청했다

'병조판서 홍여순은 일처리가 서툴고, 아랫사람이 그의 말을 잘 따르지 않으니 바꾸는 것이 좋을 듯합니다.'

나는 임금께 병조판서를 교체해 달라고 청했다.

이에 임금께서는 홍여순을 대신해 김응남을 병조판서(군사 관련 업무 맡아보던 관청의 최고 관리)로, 심충겸을 병조참판(병조판서 바로 아래에 있던 관리)으로 임명하셨다.

"대신들 가운데 한 사람을 체찰사(적이 침입했을 때, 임시로 파견되던 총사령관)로 임명해서 장수들을 지휘하게 해야 할 것입니다."

대간(관리를 감찰하고 임금의 잘못을 지적하던 기관)에서도 임금께 청했다.

"그리하도록 하라."

임금께서 청을 받아주셨다.

"좌의정 류성룡을 체찰사로 추천합니다."

영의정 이산해가 나를 추천했다.

"류성룡으로 하여금 체찰사직을 수행하게 하겠다."

임금께서는 나에게 체찰사 일을 맡기셨다.

"전하, 김응남을 부체찰사로 임명해 주실 것과 전 의주 목사 김여물을 신과 동행하게 해 주실 것을 청합니다."

나는 체찰사직을 수행하는 데 김응남과 김여울의 도움이 필요하다고 아뢰었다.

"윤허하노라."

임금께서는 흔쾌히 내 청을 받아주셨다.

그러는 동안에도 급보가 잇달았다.

"전하, 적의 선봉이 밀양을 넘어 조령 아래까지 왔다고 합니다."

체찰사가 된 나는 김응남과 신립을 따로 불렀다.

"적이 곧 조령에 당도한다 하니 일이 급하게 되었소. 어떻게 하는 것이 좋을지 이야기해 보시오."

그러자 신립이 말했다.

"앞서 간 이일을 뒤따라가서 지원해 줄 지원군이 있어야 할 것 같습니다."

이에 김응남이 말했다.

"체찰사께서 곧 뒤따라가실 텐데 무슨 걱정입니까?"

"체찰사께서 뒤따라가신다고는 하지만 체찰사께서 직접 나가 싸우실 것은 아니지 않습니까?"

"장군, 말이 지나치십니다!"

"내 말은 이일을 도와 함께 싸울 장수가 더 필요하다는 뜻이오. 다른 뜻이 있어서 그런 것은 아니니 오해하지 마시오."

나는 신립이 이일을 도와서 함께 싸우고 싶어 한다는 것을 눈치챘다.

"장군, 나가 싸우고 싶은 게요?"

"그렇습니다."

나는 김응남과 함께 임금을 뵙고 신립의 뜻을 전했다.

임금께서는 내 이야기를 듣고 신립을 친히 불러 확인하셨다.

"이일을 도와 함께 싸우겠는가?"

"그러하옵니다."

"좋다. 가서 싸워라."

임금께서는 신립을 삼도순변사(경상, 전라, 충청도를 아우르는 순변사)로 임명하셨다.

신립은 자신을 따라갈 무장과 병사를 모집했다. 하지만 그의 불같은 성격을 아는 장수들이 따라가려고 하지를 않았다.

장수를 모으지 못한 신립은 괜히 내게 억지를 부렸다.

"대감, 소인을 부체찰사로 데리고 가십시오."

신립이 부체찰사로 함께 가고 싶다고 한 것은 나를 따르는 장수들이 많아서였다.

나는 신립에게 장수들을 양보하기로 했다.

"다 같이 나라 일을 하는 처지에 아무려면 어떻소. 급한 사람이 먼저 데리고 가시오. 나는 따로 모집해서 가리다."

나는 장수들의 이름이 적혀 있는 명단을 신립에게 건네 주었다.

"자, 출발합시다."

신립은 장수들을 재촉해서 길을 떠났다. 장수들은 마지못해서 신립을 따라갔다. 김여물도 그렇게 해서 신립을 따라가게 되었는데 그의 표정이 어두웠다.

깊이 생각해 보기   류성룡은 왜 신립에게 병사들을 양보했을까요?

류성룡이나 신립이나 다 같이 나라 일을 하는 처지였다. 류성룡은 한시라도 빨리 신립이 내려가 이일을 도와주기 바라는 마음에 병사들을 양보했다.

4월 23일, 순변사 이일이 경상도 상주에 도착했다

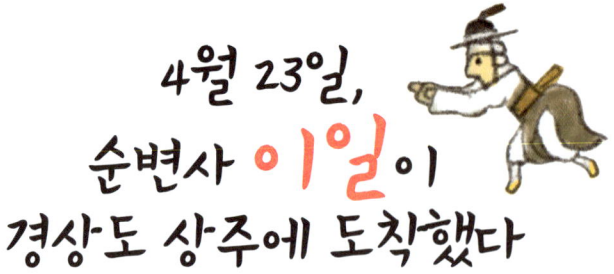

순변사 이일은 쉬지 않고 말을 달려 경상도 상주 땅에 도착했다.

상주목사 김해는 순변사를 맞이하러 간다는 핑계를 대고 달아나고 없었고, 판관(지방 행정 업무를 보던 관리) 권길이 홀로 고을을 지키고 있었다.

"병사들은 모두 어디 있느냐?"

"모두 달아나고 없습니다."

"자네는 병사들을 관리, 감독하지 않고 무얼 했느냐?"

이일은 권길을 문책한 다음, 맡은 일에 책임을 다하지 못한 죄를 물어 그의 목을 베려고 했다. 그러자 권길이 울며 애원했다.

"장군, 소인이 무슨 수를 써서라도 병사들을 모아 올 테니 제발 살려 주십시오."

이일은 권길에게 마지막 기회를 주었다.

권길은 밤이 새도록 온 고을을 뒤져서 수백여 명의 병사를 모아 왔다. 그들은 훈련된 병사가 아니었다.

이일은 싸우기에 앞서 창고의 곡식을 풀어 굶주린 병사들을 먹였다. 그러자 이곳저곳에 숨어 있던 백성들이 자발적으로 모여들어서 병사가 되기를 청했다. 그 수가 또 수백여 명에 달했다.

그러는 사이에 별장 유옥이 병사들을 이끌고 상주에 도착했다.

"어서 오게. 때맞추어 잘 왔네."

이일은 한양에서 온 병사와 상주에서 모은 병사로 급히 부대를 편성했다. 그 수가 8~9백여 명에 달했다. 이일은 상주 북쪽에 있는 북천 가에 진을 치고, 혹시 있을지도 모르는 적의 침입에 대비했다.

그날 저녁 무렵, 개령현(김천)에서 왔다는 사람이 이일에게 만나기를 청했다.

"장군, 왜적이 코앞에 있습니다."

개령 사람은 일본군이 가까이 왔다는 사실을 알려 주었다.

그런데 이일은 그의 말을 도무지 믿으려고 하지 않았다. 믿지 않았을 뿐만 아니라 근거 없는 말로 병사들을 동요케 한다며 개령 사람의 목을 베려고까지 했다. 그러자 개령 사람이 애원했다.

"장군, 내일 아침까지만 기다려 주십시오. 그때까지도 적이 나타나지 않는다면, 소인의 목을 베어도 좋습니다."

그 시각, 일본군은 상주성에서 이십 리 떨어진 장천(상주)에 머물고 있었다. 그때만 해도 우리 군에는 정찰병이 없어서 일본군이 그리 가까이 있는 줄 아무도 몰랐다.

다음 날 아침, 이일은 개령 사람을 옥에서 끌어냈다.

"아침이 되었는데도, 아무 일이 없지 않느냐!"

이일은 적이 가까이 왔는지 살펴보지도 않고, 민심을 현혹시킨다는 죄목으로 개령 사람의 목을 벴다.

잠시 후에 병사들은 수상한 사람들이 숲 속에서 나와 기웃거리는 것을 보았다. 병사들은 적군이 아닐까 의심을 하면서도 아침에 있었던 일이 떠올라 아무 말도 하지 않았다.

그때, 상주성 쪽에서 연기가 피어올랐다.

"무슨 일인지 가서 보고 오너라."

이일이 군관을 내보냈다.

군관이 말을 타고 진영 밖으로 나가자마자, 어디선가 총알이 날아왔다. 총알을 맞은 군관이 말에서 떨어졌다.

"적의 기습이다!"

숨어 있던 일본군이 진영의 좌우에서 모습을 드러냈다. 고니시 유키나가가 이끄는 일본군이었다. 일본군 대부대는 여기저기서 조총을 쏘아댔다.

"활을 준비해라!"

이일은 급히 활을 준비하게 했다. 하지만 활은 조총의 상대가 되지 않았다.

"후퇴하라!"

이일과 말을 탄 몇몇 장수는 간신히 살아남았지만, 나머지 병사들은 모두 그 자리에서 죽었다.

이일에게 자신의 병사가 있었다면 어땠을까? 날렵하고 용감한 병사들만 곁에 있었어도 이일이 제대로 한 번 싸워 보지도 못하고 패하지는 않았을 것이다. 참으로 원통하기 그지없는 일이다.

깊이 생각해 보기 이일은 왜 개령 사람 말을 믿지 않았나요?
이일은 일본군이 그렇게 빨리 상주 근처까지 왔을 거라고는 전혀 생각하지 못했다.

4월 26일, 삼도 순변사 신립이 충주에 도착했다

신립은 한양에서 충주로 내려오면서 병사를 모집했는데, 그 수가 무려 8천여 명에 달했다. 신립이 충주 남쪽 단월역에 군사를 주둔시키고 있을 때, 상주 전투에서 패한 이일이 찾아왔다.

"장군, 면목이 없소."

"지원군도 없이 혼자 적을 상대하느라 얼마나 고생이 많았소. 그래,

조령으로 가서 방어전을 대비하심이 좋을 것 같습니다.

싸워 보니 어떠했소?"

"훈련도 안 된 병사로는 도저히 막아낼 수 없는 그런 상대였소."

이일은 적의 수가 헤아릴 수 없을 만큼 많고, 활로는 조총을 상대할 수 없었다고 보고했다.

종사관(장군을 보좌하던 관직) 김여물이 신립에게 제안했다.

"장군, 저들의 수가 많고 우리는 적으니 조령으로 이동하는 게 어떻겠습니까?"

김여울은 전면전보다는 방어전을 준비하자고 했다.

"그렇게 되면 기마병을 활용할 수 없지 않은가."

기병 운용을 위해 평지로 갈 것이네!

신립은 방어전보다는 전면전을 원했다.

"저들은 대부분이 보병(육군)이네. 허나 우리에게는 기병(말을 타고 싸우는 병사)이 있지 않은가. 기병을 잘만 활용하면 승산 있는 싸움이 될 게야."

신립은 부하들의 만류에도 험준한 조령 대신 평지인 탄금대를 결전의 장소로 택했다.

4월 27일 저녁에 평소 신립이 신임하던 한 군관이 신립을 찾아왔다.

"장군, 긴히 드릴 말씀이 있습니다."

"무슨 일인가?"

"적이 조령을 넘었다는 보고가 있습니다."

신립은 군관을 향해 버럭 소리를 질렀다.

"자네가 지금 나를 기만하는 것인가!"

신립은 일본군이 가까이 왔다는 말을 믿지 않았다.

"자네는 확인되지도 않은 말을 퍼뜨려서 병사들을 동요하게 만들었으니 죽음으로 죄를 씻는 수밖에!"

신립은 군관의 말이 사실인지 아닌지 확인도 해 보지 않고, 그 자리에서 그의 목을 벴다.

신립은 일본군이 아직도 상주에 있는 줄 알고 임금께 보고했다.

'적은 아직 상주에 있습니다.'

그러나 신립의 바람과 달리 적은 이미 십 리 밖에 와 있었다.

4월 26일, 신립은 탄금대 앞을 흐르는 두 강물 사이에 진을 쳤다.

그곳은 지대가 낮은 습지인데 신립은 그 사실을 알지 못했다.

얼마 지나지 않아서 땅이 울리는 소리가 들렸다. 고니시군과 가토군이 탄금대로 진격하는 소리였다. 신립은 일본군 대부대를 보고 얼굴빛이 흙빛으로 변했다.

"아니, 저들에게도 기병이 있단 말인가!"

신립은 적의 기병을 보고 깜짝 놀랐다. 하지만 애써 태연한 척하며 선봉에 섰다. 처음에는 우리 군이 일본군의 선봉부대를 제압하는 듯했다. 하지만 적이 조총을 쏘며 반격을 시작하자 사태가 급격하게 변했다.

"내가 조총에 대해 몰라도 너무 몰랐구나."

신립이 탄식했다. 우리 군은 어떻게 해서든지

전세를 역전시켜 보려고 했다.

그러나 전투가 계속되면 될수록 습지가 수렁으로 변해 말이고 병사고 맥을 쓰지 못했다.

"아, 결국 여기까지인가!"

삼도 순변사 신립은 더 이상 버틸 수 없자, 말머리를 돌려 남한강으로 뛰어들었다.

신립은 날쌔고 용감한 장수로 이름이 드높았다. 하지만 전술 면에서는 부족한 점이 많았다. '장수가 군사를 쓸 줄 모르면 나라를 적에게 넘겨준 것과 같다.'는 옛말이 딱 맞다.

이제 와서 후회한들 아무 소용이 없겠지만, 후손들에게 경계가 될 것 같아 여기에 기록한다.

깊이 생각해 보기 신립은 왜 방어전보다 전면전을 택했나요?

신립은 북방 여진족을 상대하던 장수였다. 그는 말을 타고 싸우는 기병이었기 때문에 방어전보다는 적과의 전면전을 원했다.

5장

피란길에 오른 임금

4월 30일, 임금께서 서쪽으로 피란길에 오르셨다

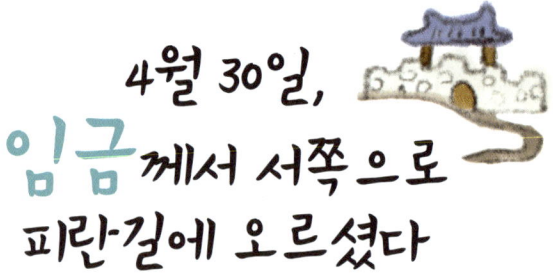

신립이 남쪽으로 떠난 뒤에 한양에서는 날마다 승전 소식이 들려오기만을 기다리고 있었다.

그러던 4월 29일 저녁, 병졸들이 쓰던 전립(무관이 쓰던 모자)을 쓴 세 사나이가 숭인문(동대문)으로 들어섰다. 성 안의 사람들이 그들을 에워싸며 물었다.

"전쟁은 어떻게 되고 있소?"

"우리 군이 충주 전투에서 패했소. 순변사께서는 전사하시고 병사들은 모두 뿔뿔이 흩어졌소. 우리는 겨우 몸만 피해 빠져나왔소."

사람들은 이 말을 듣고 크게 놀랐다.

얼마 되지 않아 온 도성 안에 이 일이 다 알려졌다.

초저녁에 임금께서 대신들을 불러 모았다.

"경들은 파천을 어떻게 생각하는가?"

파천(임금이 도성을 떠나 피란하는 것)이라는 말에 대신들이 술렁거렸다.

"전하, 파천이라니 당치도 않습니다."

"그러하옵니다, 전하. 종묘사직(왕실과 나라)이 다 이곳에 있는데 어디를 가신다는 말씀입니까?"

"전하, 한양을 지키면서 명나라의 지원군을 기다리십시오."

대신들은 파천을 반대하며 목 놓아 울었다.

그런데 유독 영의정 이산해만이 아무 말이 없었다.

"영상의 생각은 어떠한가?"

그러자 이산해가 조심스레 말했다.

"전하, 일이 이렇게까지 된 마당에 한양에 남아 있으면 무엇하겠습니까? 전하께서는 잠시 평양으로 피하십시오. 그런 다음에 명나라에 구원병을 요청하시고, 후일을 도모하시는 게 좋을 듯 싶습니다."

장령(사헌부 관리) 권협이 씩씩거리며 임금께 다가가 소리쳤다.

"전하, 한양을 굳게 지키십시오!"

나는 권협의 행동을 제지했다.

"아무리 위급한 때라고는 하지만 임금과 신하 사이에는 지켜야 할 예절이라는 게 있소. 뒤로 물러나서 이야기하시오."

그러자 권협이 발끈했다.

"지금 좌상께서는 수도를 포기하자는 게요?"

나는 권협을 타일렀다.

"이보게, 자네의 충성심을 모르는 바는 아니지만, 지금은 그런 것을 따질 때가 아니지 않는가!"

그때, 이일이 보낸 장계가 도착했다. 주위가 온통 어둠뿐이라 선전

관청(왕의 명령을 전달하던 기관)에서 횃불을 얻어와 장계를 읽었다.

"적군이 오늘 내일 사이에 한양으로 들이닥칠 것입니다."

임금께서는 이일의 장계를 보고 서둘러 파천을 결정하셨다.

"왜군이 물러갈 동안만 잠시 한양을 떠나 있겠소."

새벽에 임금께서 파천을 위해 인정전을 나왔는데, 뜰에는 신하와 말들로 가득했다.

임금이 파천한다는 소리를 듣고 병사들이 우왕좌왕했다. 때마침, 우림위에 소속된 지귀수가 내 앞을 지나갔다. 나는 그를 불러 꾸짖었다.

"그대는 전하를 모시지 않고 뭐하는 것인가?"

그러자 지귀수가 대답했다.

"온 힘을 다 해 전하를 모시겠나이다."

지귀수는 주위에 있던 동료들을 불러 와 임금을 호위했다.

떠나기 전에 임금께서 우의정 이양원을 유도대장(도성을 지키는 장수)으로 임명해 한양을 지키게 하셨다. 영의정 이산해는 재상들과 함께 임금을 수행하라고 명하셨다. 나에게는 이렇다 저렇다 아무 말이 없으셨다. 그러자 승정원(임금의 비서기관)에서 청했다.

"전하, 류성룡도 수행에 함께 해야 할 것입니다."

임금께서는 내게도 수행을 명하셨다.

임금께서는 제대로 된 수행원도 없이 피란길에 올랐다.

돈의문을 나와서 사현(홍제동 부근) 고개에 도착할 무렵 동이 트기 시작했다. 사현에서 성 안을 돌아보니 남대문 안쪽 큰 창고에서 불이 나서 연기가 하늘로 치솟고 있었다.

> **깊이 생각해 보기** 선조는 왜 한양을 지키지 않고 피란길에 올랐나요?
> 선조는 적군이 곧 한양으로 들이닥칠 거라고 하자 겁이 났다. 그래서 왜군이 물러갈 동안만 잠시 한양을 떠나겠다고 했다.

하늘에서 물을 퍼붓는 것처럼 비가 쏟아졌다

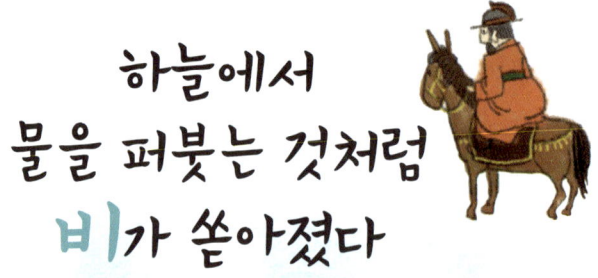

　사현 고개를 넘을 때부터 내리던 비가 벽제역에 도착할 무렵에는 더욱 거세졌다. 피란길에 오른 일행 모두가 비에 젖었다. 임금께서는 벽제역에 들어가 잠시 비를 피했다.
　피란 행렬이 다시 출발을 했을 때는 많은 관원이 한양으로 되돌아가고 없었다.
　혜음령(벽제 부근 고개)을 넘을 무렵에는 하늘에서 물을 퍼붓는 것처럼 비가 쏟아졌다. 말을 탄 궁녀들은 비를 막아 보려고 물건으로 얼굴을 가리며 울면서 따라왔다.
　마산역(파주읍 마산)을 지나갈 때, 밭에서 일하던 사람이 우리 일행을 바라보며 통곡했다.

"나라님께서 우리를 버리고 가시면 우리는 누구를 믿고 살아가야 한다는 말입니까?"

임진강(경기도 파주)에 도착할 때까지도 비는 멈추지 않았다.

임금께서 강을 건너기 위해 배에 오르신 뒤에 영의정 이산해와 나를 부르셔서 찾아뵈었다.

임금께서 내게 말씀하셨다.

"경이 항상 나더러 나라의 방비가 소홀하다며 경계하라고 하더니, 마침내 이렇게 되었구려."

임금께서 눈물을 흘리셨다. 옆에 있던 여러 신하들도 함께 울었.

강을 건넜을 때는 이미 날이 저물어 한 치 앞도 보이지 않았다.

임진강 남쪽에 나루터를 관리하던 청사(관청 건물)가 있었다. 적이 청사의 나무로 배를 만들어 강을 건널까 걱정이 되어서 청사를 불태우게 했다. 청사가 타는 불빛이 어둠 속에서 길을 밝혀 주었다.

임진강을 건너 동파역(파주 동파리)에 도착했다. 파주 목사(파주를 관리하던 지방관) 허진과 장단부사(파주 장단

> 나라님이 우리를 버리고 갔으니 우리는 누굴 믿나….

처음 만나는 징비록

지방을 관리하던 지방관) 구효연이 임금께 드릴 음식을 준비하고 있었다. 그런데 온종일 굶은 호위병들이 음식 냄새를 맡고 달려들어 닥치는 대로 먹어 버렸다. 임금께 드릴 음식이 동이 나자 허진과 구효연은 벌을 받을까 겁이 나서 그대로 달아났다.

다음 날 아침 임금께서 대신들을 불렀다.

"이모(이산해)야, 류모(류성룡)야! 이제 나는 어디로 가야 한단 말이냐? 꺼리지 말고 숨기지 말고 속에 있는 생각을 다 말하여라."

임금께서는 윤두수에게도 똑같이 물었다.

우리는 엎드려 눈물을 흘릴 뿐 아무 말도 할 수 없었다.

임금께서 이번에는 승지(승정원 관리) 이항복에게 물었다.

그러자 이항복이 대답했다.

"전하, 의주로 가십시오. 그곳에서 머무시다가 팔도가 다 함락되면 명나라로 건너가서 도움을 요청하셔야 할 것입니다."

임금께서 이항복의 말을 듣고 대신들에게 물었다.

"승지의 생각은 어떠한가?"

나는 이항복의 의견에 절대로 동의할 수가 없었다.

"전하, 있을 수 없는 일이옵니다. 전하께오서 우리 땅에서 한 걸음이라도 나가신다면 그때부터 조선은 더 이상 우리 땅이 아닙니다."

나는 명나라로 가는 것을 반대했다.

그러자 임금께서 말씀하셨다.

"명나라로 가는 것이 짐의 뜻이다."

임금께서는 나라를 버리고 명나라로 건너갈 생각을 하고 계셨다.

"전하, 관동(강원도)과 관북(함경도) 그리고 호남(전라도)이 아직 건재합니다. 곧 의로운 선비들이 벌떼처럼 일어나 적과 맞서 싸울 테니 조금만 더 기다리십시오."

나는 임금께 명나라로 건너가서는 안 된다고 눈물로 호소했다.

그러자 임금께서는 더 이상 명나라로 가겠다고 고집을 부리지 않았다. 하지만 알 수 없는 일이었다.

임금께서 개성을 향해 떠나려고 하는데, 수행하던 신하들과 병사들이 모두 도망쳐 호위할 사람이 없었다. 그때, 서흥부사(황해북도 서흥의 지방관) 남의가 수백여 명에 달하는 병사와 50여 필의 말을 끌고 와서 도움을 주었다.

깊이 생각해 보기 선조는 왜 명나라로 가려고 했을까요?

선조는 조선 팔도가 다 일본군의 손에 들어가면 명나라로 건너가 도움을 요청할 생각이었다.

5월 1일 저녁 무렵, 임금께서 개성 남문 밖 관아에 도착했다

임금께서 개성(북한에 있는 도시, 고려의 옛 수도)에 도착하던 날부터 신하들의 상소가 이어졌다. 영의정 이산해의 잘못을 탄핵하는 글이었다.

'영의정 이산해는 나라가 이 지경에까지 이르게 했으니 파직하는 것이 옳습니다.'

임금께서는 이산해의 파직을 허락하지 않으셨다.

다음 날에도 상소는 계속 이어졌다.

'영의정 이산해에게 나라를 그르친 죄를 물어 관직을 삭탈하십시오.'

신하들은 전쟁이 벌어진 책임과 임금이 피란길에 오르게 된 책임을 영의정인 이산해에게 물었다.

임금께서는 신하들의 상소가 빗발치자, 하는 수 없이 다음과 같이 명령하셨다.

"영의정 이산해의 관직을 삭탈하라."

결국, 영의정 이산해는 파직되었다.

임금께서 나를 부르셨다.

"경이 이산해의 후임을 맡아주시오."

나는 영의정직에 내정되었다.

그러나 나는 영의정직을 맡을 수 없었다.

"전하, 신은 영의정직을 수락할 수 없나이다."

"아니, 어째서?"

"나라가 이 지경까지 이르게 한 데는 이산해의 잘못만 있겠습니까? 신에게도 잘못이 있습니다."

나는 영의정 이산해에게 죄가 있다면 좌의정인 나에게도 책임이 있다고 생각했다.

"이산해가 파직된다면 신도 마찬가지로 파직되어야 할 것입니다."

나는 영의정직을 맡을 수 없다고 아뢰었다.

임금께서 나에게 가까이 오라고 하셨다.

나는 임금께 다가가지 않고 뜰로 물러났다.

"전하, 신은 죄인입니다. 전하의 명을 따를 수 없습니다."

나는 완강하게 버티며 고집을 부렸다.

그러자 임금께서 물러나 있으라고 하셨다.

그날 임금께서 여러 대신들에게 재상이 될 만한 인물을 추천하라고 하셨다. 재상들은 그 자리에서 나를 영의정으로, 최흥원을 좌의정으로, 윤두수를 우의정으로 추천했다.

나는 영의정 겸 도체찰사직을 맡게 되었다. 아무리 사양을 해도 임금께서 허락하지 않으셨다. 그런데 그날 저녁 이상한 일이 벌어졌다.

임금께서 대신들을 다시 한 자리에 부르셨다.

"파천을 말리지 않은 것은 이산해와 류성룡이 같은데, 어째서 이산해에게만 죄를 묻는가? 이산해에게 죄가 있다면 류성룡에게도 죄를 물어야 할 것이다."

임금께서는 파천을 말리지 않은 내게도 죄를 물어야 한다고 하셨다. 그러자 대신들이 술렁였다.

"전하, 파천을 하자고 한 사람은 이산해입니다."

"그러하옵니다. 류성룡은 이산해에게 파천 계획은 모든 사람이 분하게 여기는 일이라고 했습니다."

"전하, 이산해는 인심을 잃은 지 오래지만 류성룡은 아니옵니다. 만약, 함께 죄를 물어 류성룡을 파직하신다면 백성들이 가만히 있지 않을 것입니다."

임금께서는 신하들의 이야기를 다 듣고 말씀하셨다.

"변란을 미리 막을 수도 있었는데, 막지 못해 일이 이 지경까지 이르게 한 것은 류성룡의 죄다. 그러하니 류성룡에게도 죄를 물어야 할 것이다."

임금께서는 나에게 변란을 미리 막지 못하고 임금을 피란길에 오르도록 한 죄를 물으셨다.

"지금 당장 류성룡을 파직하라."

나는 그렇게 파직되었다.

임금께서는 그 자리에서 유홍을 우의정, 최흥원을 영의정, 윤두수를 좌의정으로 승진시켰다.

깊이 생각해 보기 류성룡은 왜 영의정이 되기를 거부했나요?
임진왜란 당시 좌의정을 지낸 류성룡은 일본군이 조선을 침략하고 임금이 피란길에 오른 책임이 자신에게도 있다고 생각했기 때문이다.

5월 3일, 고니시군에 이어 가토군이 한양에 입성했다

부산에 상륙한 일본군은 동래에서부터 세 갈래로 나뉘어 북상했다. 고니시 유키나가가 이끄는 일본 제1군은 양산, 밀양, 청도, 대구, 성산을 거쳐 상주에 도착한 뒤, 순변사 이일과 싸워 상주를 손에 넣었다.

가토 기요마사가 이끄는 일본 제2군은 장기, 기장을 거쳐 울산, 경주, 영천, 군위, 비안을 지나 문경에 도착했다. 가토군은 고니시군과 합류해 충주 탄금대에서 신립의 부대를 물리쳤다.

고니시군은 그 길로 여주(경기도 여주)로 향했다. 여주에 도착한 고니시군은 남한강을 사이에 두고 강원도 조방장 원호와 대치했다. 고니시군은 어떻게든 강을 건너려고 했지만, 우리 군의 저항에 막혀 강을 건너지 못하고 있었다.

그때, 강원도 순찰사(강원도 지방의 군대 지휘권을 가지고 있던 관리) 유영길이 원호를 자신의 곁에 두려고 불러들였다. 원호는 순찰사의 부름을 거역할 수 없었기 때문에 물러났다.

강을 지키던 원호가 물러나자, 고니시군은 인근 민가와 관사를 헐어서 뗏목을 만들었다. 일본군은 강을 건너다가 물에 빠져 죽기도 했지만, 강을 지키는 사람이 없어서 무사히 강을 건넜다.

가토군은 충주에서 죽산(경기도 안성), 용인(경기도 용인)을 지나서 한강 이남 지방에 도착했다.

구로다 나가마사가 이끄는 일본 제3군은 김해, 성주, 추풍령, 영동을 지나서 청주를 함락시켰다. 그런 다음 구로다군도 경기도로 향했다.

임금께서는 파천을 떠나기에 앞서 우의정 이양원을 유도대장으로 삼아 도성을 수비하게 하고, 김명원을 도원수로 삼아 한강을 지키게 했다.

5월 2일, 고니시군이 한강 가에 도착했다.

"장군, 적이 강을 건너려 하고 있습니다!"

제천정에서 강 건너편을 감시하고 있던 도원수 김명원은 일본군의 기세에 눌려 싸울 엄두를 내지 못했다.

그때, 제천정에 적이 쏜 탄환이 날아들었다.

도원수 김명원은 겁에 질려 싸워 보려고도 하지 않고 물러났다.

"화포와 무기를 버려라!"

김명원은 화포와 무기가 적의 손에 들어가지 않게 강물 속에 던져 넣

게 했다. 그런 다음 부하들에게 퇴각을 명령했다.

"장군, 어디로 가려 하십니까?"

"임진강으로 가세."

도원수 김명원은 한강을 버리고 임금의 피란 행렬을 따르기로 했다.

"도원수께서 퇴각을 명령했다고 합니다."

도성을 수비하던 유도대장 이양원은 한강을 방어하던 병사들의 퇴각 소식을 들었다.

"우리도 양주(경기도 양주)로 가자."

유도대장 이양원 역시 지레 겁을 집어먹고 도성 수비를 포기했다.

이양원은 병사들을 이끌고 양주로 향했다.

이렇게 해서 일본군은 큰 어려움 없이 한양 입성에 성공했다.

개성에 머물고 있던 임금께서는 한양이 일본군의 손에 들어갔다는 김명원의 장계를 받았다.

임금께서는 김명원에게 경기도와 강원도에 있는 병사들을 소집해서 임진강을 지키도록 명령했다.

"어서 평양으로 가자!"

임금께서는 금방이라도 일본군이 개성으로 들이닥칠까 봐 피란길을 재촉했다. 날이 밝으면 떠나자는 대신들의 만류에도 기어이 평양(평안남도 평양)을 향해 어가(왕이 타던 수레)를 출발시켰다.

나는 파직당한 몸으로 임금의 뒤를 따랐다.

> **깊이 생각해 보기** 이양원과 김명원은 왜 일본군과 맞서 싸우지 않았나요?
> 일본군은 조선군에 비해 수적으로도 우세했고, 신무기인 조총도 가지고 있었다. 그래서 이양원과 김명원은 일본군의 기세에 눌려 싸울 엄두를 내지 못했다.

6장

평양에 나타난 일본군

충주 전투에서 패한 이일이 평양에 도착했다

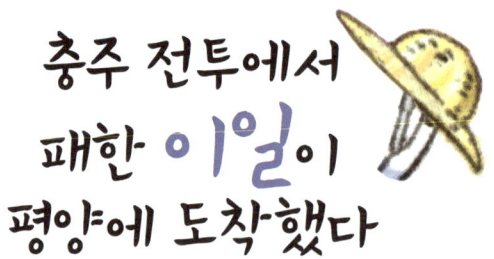

충주 전투에서 패한 뒤, 이리저리 도망 다니던 이일이 가까스로 평양에 도착했다. 일본군이 머잖아 평양에 들이닥칠 거라는 소식이 전해지던 무렵이었다.

평양에 있던 사람들 모두가 이일을 반겼다. 비록 전투에서 패한 패장이기는 하지만 이름 있는 장수가 곁에 있다는 것만으로도 든든했기 때문이다.

이일은 그동안 도망을 다니느라 행색이 초라했다. 머리에는 패랭이(신분이 낮은 사람들이 쓰던 모자)를 쓰고, 몸에는 베적삼을 걸치고 있었는데, 그마저도 여기저기 구멍이 나 있어서 보기에 흉했다. 짚신도 거의 헤져 있었다.

나는 이일에게 말했다.

"지금 우리는 그대에게 기대가 큽니다. 그런데 행색이 이래서 어떻게 사람들에게 용기를 줄 수 있겠소."

나는 짐을 뒤져서 무관이 입는 남색 철릭을 찾아내 그에게 주었다.

그러자 다른 사람들도 갓이며 갓끈 같은 것을 마련해 주었다. 옷은 그럭저럭 구색을 갖추었는데, 가죽신을 벗어 주는 사람이 없어서 짚신은 그대로 신고 있어야 했다.

"비단옷에 짚신이 영 어색합니다 그려."

내 말에 주위 사람들이 모두가 웃었다.

그때, 황해도 지방으로 정찰을 나갔던 병사 임욱경이 와서 보고했다.

"적이 봉산(황해북도 봉산)에 나타났습니다."

나는 급히 좌의정 윤두수를 찾아갔다.

"적군이 봉산에 나타났다고 합니다. 허면 적의 정찰병은 이미 대동강(평양시를 가로지르는 강) 건너에 도착해 있을 겁니다. 강 가운데 있는 영귀루(대동강변의 누각) 아래 강물이 두 줄기로 나뉘는 곳이 있소이다. 한 줄기는 물이 얕아 건널 수 있고, 다른 한 줄기는 물이 깊어 건널 수 없소. 빨리 이일을 보내 강의 얕은 곳을 지키게 하십시오. 그래야만 적이 강을 건너오는 걸 막을 수 있습니다."

"알겠소!"

윤두수는 내 말을 듣고 이일에게 병사를 내어 주었다.

이일은 내성과 외성 사이에 있는 함구문에서 병사들을 소집했다.

나는 마음이 급해서 심부름꾼을 보내 이일이 무엇을 하고 있는지 알아보라고 했다. 심부름꾼이 다녀와서 말하기를 이일이 아직 함구문에 있다고 했다. 이일은 명령을 받고도 바로 떠나지 않고 있었다.

"지금 당장 이일에게 떠나라고 명하십시오."

나는 윤두수에게 사람을 보내 이일을 빨리 보내야 한다고 재촉했다. 그렇게 여러 번 재촉을 하자, 마지못해 이일이 떠났다.

병사들을 이끌고 성 밖으로 나간 이일은 길을 잘못 들었다. 평양성의 지리에 익숙하지 않은 탓이었다.

이일이 헤매고 있을 때, 때마침 평양 좌수 김내윤이 그들의 앞에 나타났다.

"영귀루가 어디 있소?"

"길을 잘못 드셨소. 따라오시오."

이일은 김내윤을 따라 영귀루로 가는 길에 만경대를 지나게 되었다. 만경대에 올라서 보니 강 건너편 기슭에 적군이 진을 치고 있었다.

"아니, 저들이 벌써 당도했단 말인가!"

이일은 일본군이 강 건너에 와 있는 것을 보고 깜짝 놀랐다.

"서둘러 강을 건너라!"

이일은 병사들에게 강 가운데 있는 모래섬으로 건너가라고 했다. 하지만 병사들은 겁에 질려서 앞으로 나아가려 하지 않았다.

"너희가 내 칼에 죽고 싶은 게로구나!"

이일이 칼을 뽑아들고 위협하자, 병사들이 마지못해서 섬으로 건너갔다.

섬으로 건너간 병사들은 강을 건너려고 강가로 내려서는 일본군을 향해 활을 쏘았다. 화살이 멀리 날아가 적을 맞추었다. 적들이 하나 둘 쓰러지자, 놀란 일본군은 그대로 물러갔다.

> **깊이 생각해 보기** 이일은 왜 명령을 받고도 바로 출발하지 않았을까요?
>
> 이일은 적이 봉산에 있다는 말을 듣고 평양까지 오려면 한참 멀었을 거라고 생각했다. 그래서 명령을 받고도 바로 출발하지 않았다. 그런데 대동강 가에 도착해 보니 적은 벌써 강 건너편에 와 있었다.

6월 1일, 명나라 진무 임세록이 우리나라에 왔다

명나라 요동도사(명나라 요동 지역의 관리)가 우리나라 실정을 살피고 오라고 진무(명나라의 무관) 임세록을 우리나라에 보냈다.

나는 풍원부원군(나라에 공을 세운 사람에게 주는 벼슬)에 봉해져서 임세록을 접대하는 일을 했다.

"얼마 전에 일본이 조선을 침략했다는 소식을 들었소."

임세록이 의아해하며 말을 이었다.

"전쟁이 일어난 지 얼마 되지도 않아서 한양이 함락되었다는 소식과 임금이 피란길에 올랐다는 소식이 들리더이다. 며칠 전에는 일본군이 이미 평양까지 닿았다는 소식이 들리던데, 그게 정말이오?"

내가 대답했다.

"모두 사실입니다."

임세록은 의심을 떨쳐버리지 못하고 다시 물었다.

"아무리 왜적이 강해도 이렇게까지 빨리 평양에 다다를 수 없지 않소?"

나는 임세록의 물음에 뼈가 있다는 것을 느꼈다.

임세록이 혼잣말처럼 중얼거렸다.

"조선이 왜구의 앞잡이가 된다면야 또 모를까."

임세록은 우리 조선이 일본과 손을 잡고 명나라로 가는 길을 이끌고 있는 것은 아닌지 의심을 하고 있었다. 그렇지 않고서야 일본군이 이렇게까지 빨리 평양에 도착할 수는 없다고 그는 묻고 있었다.

"우리 조선이 어떻게 왜구의 앞잡이 노릇을 하겠습니까?"

나는 임세록을 대동강 가의 연광정(정자)으로 데리고 갔다.

"이곳은 어디요?"

"연광정이라고 합니다. 보여드릴 것이 있어 이렇게 모시고 왔습니다."

연광정에 오르니 대동강이 한눈에 다 들어왔다.

"저기를 좀 보십시오."

대동강 동쪽에 있는 숲에서 일본 병사가 불쑥 튀어나왔다. 병사는 이리저리 주위를 살피더니 이내 사라졌다. 잠시 후, 일본 병사 두세 명이 잇따라 숲에서 나왔다. 이들 역시 두리번거리면서 주위를 살폈다.

"저들은 적의 정찰병입니다."

임세록이 고개를 갸웃거리며 말했다.

"왜적의 수가 저리 적다는 말이오?"

임세록은 내 말을 잘못 알아듣고 딴소리를 했다.

나는 그에게 내가 알고 있는 일본군에 대해 설명했다.

"왜적은 아주 교묘한 수법으로 사람을 속이는 데 능합니다. 대인께서 보고 계시는 저들은 적을 염탐하기 위해 나온 정찰병입니다."

나는 계속해서 말을 이었다.

"일본군은 항상 대부대를 뒤에 숨겨 놓고 정찰병을 앞에 내세웁니다. 정찰병만 보고 적의 수가 적다고 안심하거나 방비를 소홀히 했다가는 반드시 큰 대가를 치르게 됩니다."

임세록은 내 말을 듣고 이해가 되었다는 듯이 고개를 끄덕였다.

"무슨 말인지 잘 알아들었소."

임세록은 비로소 우리와 일본이 내통한다는 의심을 버렸다.

　임세록은 명나라가 지원군을 보내 조선을 돕지 않으면, 머잖아 명나라까지 전쟁에 휩쓸리게 될 거라는 사실을 확인했다.

　임세록은 나에게 자문(조선 국왕이 명나라에 보내는 외교문서)을 써 달라고 요청했다. 나는 요동도사에게 일본군이 평양까지 왔으며, 명나라에서 하루 속히 지원군을 보내줄 것을 기대한다고 써 주었다.

　임세록은 자신이 본 것들을 빨리 요동에 가서 보고해야겠다면서 급히 제 나라로 돌아갔다.

깊이 생각해 보기 임세록은 왜 조선이 일본의 앞잡이라고 생각했나요?
전쟁이 일어난 지 얼마 되지 않아 일본군이 벌써 평양에 도착해 있었다. 임세록은 조선이 왜구의 앞잡이가 되지 않은 이상 불가능한 일이라고 생각했다.

조정 대신들이 임금께 피란을 청했다

일본군이 대동강 가에 나타나자, 인성부원군(나라에 공을 세운 사람에게 주는 벼슬) 정철을 비롯한 여러 조정 대신들이 임금께 피란을 청했다.

"전하, 사태가 점점 급박하게 돌아가고 있으니 서둘러 피란길에 오르십시오."

안 그래도 불안에 떨고 있던 임금께서는 정철의 말을 듣고 당장에라도 피란길에 오르려고 했다. 나는 피란을 적극 반대했다.

"전하, 지금은 한양을 떠날 때와 상황이 다릅니다. 한양에서는 아무 준비가 없었지만 이곳 평양은 아니옵니다. 병사와 백성이 싸울 의지가 있고, 이곳은 명나라와도 가깝지 않습니까? 며칠만 더 지키고 있으면 반드시 명나라에서 구원병을 보낼 것입니다. 그들과 힘을 합한다면 반드시 적을 물리칠 수 있을 것이옵니다."

나는 계속해서 말을 이었다.

"전하, 만약에 이곳을 떠나 의주(명나라와의 국경 지대)로 가신다면 이제 더 이상 의지할 데가 없습니다. 전하께서 떠나신다면, 이 나라는 이대로 끝이 나고 말 것입니다."

윤두수가 내 말을 이어받았다.

"전하, 신도 같은 생각입니다. 며칠만 더 기다려보십시오."

나는 피란을 청한 정철에게 화가 났다.

"내가 알던 공은 나라를 위한 일이라면 물불가리지 않던 그런 사람이었소. 그런 공이 싸워볼 생각도 않고 도망부터 치려고 하다니, 참으로 실망스럽소."

그러자 곁에 있던 윤두수가 내 편을 들었다.

"칼을 빌려 아첨하는 자를 베고 싶소."

윤두수는 중국 송나라의 충신인 문천상의 시에 빗대 자신의 마음을 표현했다.

정철은 윤두수의 행동에 몹시 화가 나서 밖으로 나가 버렸다. 그러는 바람에 피란 이야기는 흐지부지되었다. 그런데 그 일이 있고 나서, 평양성 안에는 임금이 평양을 떠난다는 소문이 돌기 시작했다.

임금께서는 대동관 문 앞에 나가 평양을 지키겠다고 백성들에게 약속을 했다. 하지만 백성들은 믿지 않았다.

6월 8일, 일본군 선봉부대가 대동강 가에 있는 재송정 일대에 군사를 주둔시켰다. 그러자 재상(임금을 보필하던 관리) 노직 등에게 선왕의 위패(죽은 사람의 이름을 적은 나무패)를 모시고 성을 나가라는 임금의 명이 떨어졌다. 노직 등이 위패를 모시고 성을 나가려고 하자, 이를 본 평양 백성들이 배신감에 들고 일어났다.

"신주를 옮긴다는 것은 임금께서 피란 길에 오른다는 뜻이 아니고 무엇인가!"

"우리가 속았네, 속았어!"

백성들은 너도나도 칼과 몽둥이 등을 들고 나와서 위패가 성 밖으로 나가지 못하게 길을 막았다.

"너희가 평소에는 하는 일 없이 나라에서 주는 녹봉(월급)만 축내더니, 이제는 나라를 망하게 하고 백성들까지 속이는구나!"

화가 난 백성들은 노직 일행에게 소리를 지르고, 폭력을 휘둘렀다. 그 와중에 위패가 길바닥에 내동댕이쳐졌지만 아무도 신경 쓰지 않았다.

나는 이 소식을 듣고 곧장 성문으로 달려갔다. 가서 보니 금방이라도 화난 백성들이 궁 안으로 밀고 들어올 것 같았다.

"이보게 자네, 이리 좀 와 보게."

나는 성문 밖 계단 위에 서서 나이가 지긋한 한 남자를 손짓해 불렀다. 불러서 이야기를 해 보니 그는 평양의 관리였다.

"그대들이 성을 지키고 임금을 보호하려는 것은 알겠으나, 그렇다고 해서 이렇게 소란을 피워서야 되겠는가. 조정 대신들이 평양성을 지키기로 뜻을 모았고, 임금께서도 이를 허락하셨네. 그러니 그대가 내 뜻을 저들에게 전하고 그만 물러나라고 하게. 그렇지 않으면 반드시 저들에게 죄를 물을 것이네."

내 이야기를 듣고, 그는 손에 쥔 몽둥이를 내려놓으며 말했다.

"소인들은 나라에서 이 성을 버리는 줄 알고 분해서 그랬습니다. 그

런데 대감의 이야기를 듣고 보니 속이 다 후련합니다."
 그는 성난 백성들을 진정시키고 모두 제자리로 돌려보냈다. 백성들은 비로소 이성을 되찾았다.

깊이 생각해 보기 백성들은 왜 위패가 성 밖으로 나가지 못하게 막았을까요?
위패를 옮긴다는 것은 임금이 피란길에 오른다는 뜻이었기 때문이다. 평양 백성들은 임금이 평양성을 떠날까 봐 걱정이 되어서 선왕의 위패가 성 밖으로 나가지 못하게 막은 것이다.

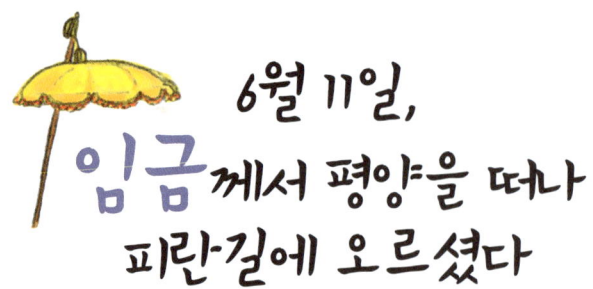

6월 11일, 임금께서 평양을 떠나 피란길에 오르셨다

 임금께서 평양을 떠나 의주를 향해 피란길에 오르셨다.
 "전하, 전하께오서 이곳 평양으로 피난을 온 것은 명나라의 구원병을 기다렸다가 저들과 함께 힘을 합해 빼앗긴 나라를 다시 되찾기 위함이었습니다. 그런데 명나라에 구원병을 요청해 놓고 다른 곳으로 가시겠다니요."
 나는 피란을 끝까지 반대했다.
 "전하, 적을 피해 깊은 골짜기로 들어가신다면 명나라와 어떻게 연락을 주고받겠습니까? 게다가 온 나라가 적의 손아귀에 들어가 있는데 그곳이라고 적이 없겠습니까? 그곳에 갔다가 불행하게도 적과 맞닥뜨리게 된다면, 그때는 어떻게 하실 생각이십니까?"
 나는 평양성을 떠나지 말 것을 몇 번이고 간청했다. 하지만 겁에 질린 임금께서는 기어이 평양을 떠나셨다.
 대신 최흥원, 유홍, 정철 등은 임금을 따라갔고, 좌의정 윤두수, 도원수 김명원, 순찰사 이원익은 평양성을 지키기 위해 남았다. 나도 명나라 장수를 접대하기 위해서 평양에 남았다.

평양성 안에는 모두 3~4천 명이 있었다. 우리 군은 적의 눈을 속이기 위해서 을밀대 부근의 소나무 숲 여기저기에 옷을 걸어놓았다.

일본군은 강 건너에 있는 동대원 언덕에 진을 쳤다. 일본군 진영에는 상여 앞에 들고 가는 만장처럼 생긴 붉고 흰 깃발이 꽂혀 있었다. 적의 수는 그다지 많아 보이지 않았다.

나는 좌의정 윤두수, 도원수 김명원, 순찰사 이원익과 함께 연광정 위에서 일본군 진영을 살피고 있었다.

그때, 일본 기병 부대 십여 명이 양각도 방향으로 움직이는 것이 보였다. 기병들은 말고삐를 잡고 말과 함께 강을 건너기 시작했다.

몇몇 일본군은 큰칼을 차고 강가를 왔다 갔다 했다. 햇빛이 칼에 닿을 때마다 빛이 났다. 누군가 그 칼은 진짜가 아니고 나무를 깎아 만든 다음 백랍을 칠한 것이라고 말했다.

일본군 예닐곱 명이 조총을 가지고 강가로 나오더니, 평양성을 향해 조총을 쏘았다. 요란한 소리를 내며 총알이 날아왔다. 어떤 총알은 대동관 기와 위에 날아와 떨어졌고, 또 어떤 총알은 성루 기둥에 박히기도 했다.

붉은 옷을 입은 일본군은 연광정 위에 앉아 있는 우리를 향해 총을 쏘며 다가왔다. 정자 위에 있던 두 사람이 맞았으나 거리가 멀어서 크게 다치지는 않았다.

나는 군관 강사익을 소리쳐 부른 다음에 방패 뒤에 숨어서 활을 쏘게 했다. 화살은 강 건너에 있는 모래 언덕 위에까지 날아갔다. 그러자 적들이 멈칫하며 물러갔다.

이를 보고 있던 도원수 김명원이 활을 잘 쏘는 병사들을 뽑아 빠른 배에 태웠다. 김명원은 병사들로 하여금 강 한가운데서 적진을 향해 활을 쏘게 했다.

배가 강 동쪽으로 다가가자 강가에 있던 일본군들이 뒤로 물러났다. 우리 병사들은 배 위에서 화살과 불화살을 쏘았다. 불화살이 날아들자 적들이 비명을 지르며 달아났다.

나는 좌의정 윤두수에게 충고했다.

"오랜 가뭄으로 인해 강물이 줄어들고 있습니다. 이곳은 강물이 깊고 배가 없어서 적이 건너오지

못하지만, 강 상류로 가면 배가 없이도 강을 건널 만큼 강물이 얕은 곳도 있을 것입니다. 머지않아 적들이 그곳으로 건너올 테니 미리 방어를 해야 할 것입니다."

그러자 도원수 김명원이 여유를 부리며 대답했다.

"이미 이윤덕에게 그러라고 시켰습니다."

나는 김명원이 못미더웠다.

"이윤덕만으로는 부족합니다."

나는 옆에 있던 순찰사 이원익에게 물었다.

"여기서 이러지 말고, 자네가 나가서 강을 지키는 것이 어떻겠는가?"

그러자 이원익이 대답했다.

"명령만 하십시오. 힘껏 따르겠습니다."

좌의정 윤두수가 그 말을 듣고 이원익에게 명령했다.

"자네가 가서 대동강을 지키도록 하게."

이원익은 그 길로 부하들과 함께 대동강을 지키러 갔다.

깊이 생각해 보기 　류성룡은 왜 선조가 피란 가는 것을 반대했나요?

류성룡은 선조가 명나라로 건너가려고 하는 것이 못마땅했다. 임금이 제 나라를 버리는 것과 마찬가지였기 때문이다. 류성룡은 선조가 명나라 구원병과 힘을 합해 빼앗긴 나라를 되찾아야 한다고 생각했다. 그래서 피란을 반대했다.

7장
─명나라에서 온 지원군─

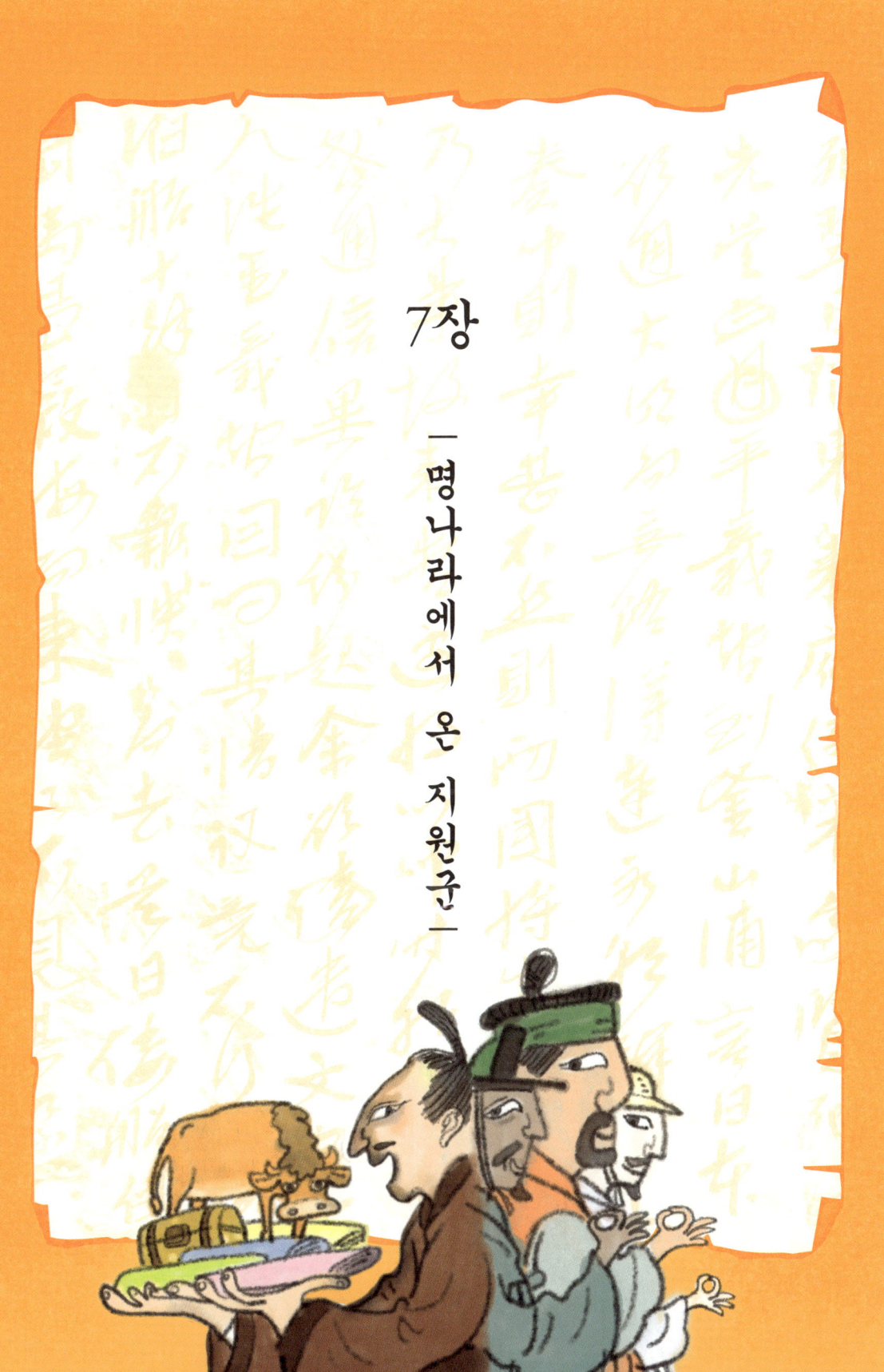

하루라도 빨리 명나라 군대가 도착해야 했다

일본군은 한강에 이어 임진강을 건넜다. 대동강을 건너는 일도 시간 문제였다.

나는 우리 힘만으로는 도저히 일본군을 상대할 수 없다고 생각했다. 그래서 하루라도 빨리 명나라에서 지원군이 도착하기를 빌었다.

당시에 나는 군대와 관련된 일은 아무것도 할 수가 없었다. 명나라 사신을 접대하는 일 외에는 아무 권한이 없었던 것이다.

"이대로 가만히 앉아서 명나라군을 기다려야 한단 말인가!"

나는 종사관 홍종록, 신경진과 함께 명나라 군대를 맞이하러 나섰다. 앉아서 기다릴 시간이 없었기 때문이다.

우리 일행은 평양 인근 순안에서 유도대장 이양원과 종사관 김정목을 만났다. 그들은 회양(지금은 북한 땅인 강원도 회양)에서 오는 길이며, 적이 이미 철령(함경남도와 강원도 사이에 있는 높은 고개)에 다다랐다는 소식을 전해 주었다.

나는 서둘러 길을 재촉했다.

이튿날인 6월 12일, 나는 안주(평안남도)에서 요동 진무 임세록을 다시 만났다. 임세록은 명나라에서 보낸 외교 문서를 가지고 왔다.

나는 임세록이 들고 온 외교 문서를 임금께 전하기 위해서 박천(평안북도 박천)으로 향했다. 임금께서는 영변을 떠나 박천으로 가고 있었다.

저녁 무렵에 나는 박천 인근 광통원에 다다랐다. 거기서 우리 병사들이 들판에 흩어져 있는 것을 보았다. 갑자기 불길한 예감이 들었다.

나는 병사들을 손짓해 불렀다.

"어디서 오는 길인가?"

"평양에서 오는 길입니다."

"평양에 무슨 일이라도 생겼는가?"

"어제 적이 왕성탄을 건넜습니다. 강을 지키던 병사들은 대부분 죽었고, 이윤덕은 달아났습니다."

나는 깜짝 놀라서 군관 최윤원을 임금께 먼저 보냈다.

임금께서 평양성을 나온 뒤부터 인심이 아주 험해졌다. 순안, 숙천, 안주, 영변, 박천 등지의 창고에 쌓여 있던 곡식들이 다 털린 것을 보면 알 수 있다.

다음 날, 나는 임금이 계신 정주(평안북도 정주)에 도착했다. 임금께서는 내게 정주에 머물러 있으라고 명하신 다음, 다시 길을 떠나셨다.

오후가 되자, 남문 쪽에서 몽둥이를 든 사람들이 어디론가 몰려가는 것이 보였다. 군관을 시켜 무슨 일인지 알아보고 오라고 하자, 창고를 약탈하러 가는 자들이라고 했다. 나는 약탈자를 그대로 두었다가 더 많은 약탈자를 만들까 봐 걱정되었다. 그렇게 되면 손 쓸 방법이 없기 때문이다.

바로 그때, 또 장정 십여 명이 창고 쪽으로 가는 것이 보였다.

"지금 당장 저들을 잡아오너라."

나는 군관들을 시켜서 그들을 잡아오게 했다. 난동을 미리 막을 방법이 떠올랐던 것이다.

나는 잡아 온 자들의 머리를 풀어 헤치고, 옷을 벗긴 다음에 창고 옆 길가에 세워두게 했다. 그리고 군관들이 뒤에 서서 '창고를 터는 도둑들은 사로잡아 목을 벨 것이다.'라고 소리치게 했다.

창고 앞에 모여 있던 사람들은 놀라서 겁을 집어 먹고 흩어졌다. 덕분에 정주의 곡식 창고를 지킬 수 있었다.

내가 곡식 창고에 연연해 하는 데는 다 이유가 있었다. 그 곡식들은 우리를 도우러 오는 명나

라 지원군을 먹일 곡식이었다. 명나라 지원군이 먹을 곡식을 제때 공급하지 못하면 전쟁에서 이길 가망이 없었다.

정주 인근 구성(평안북도 구성)의 창고에도 곡식이 넉넉하다는 보고가 들어왔다. 그런데 곡식을 정주까지 옮겨올 사람이 없다는 것이 문제였다.

나는 종사관 홍종록을 불렀다.

"자네는 구성과 인연이 있다지? 자네가 가서 군량미를 운반해 오면 어떻겠는가?"

"소인이 어떻게……."

"자네가 가면 숨어 있던 사람들이 새로운 소식을 들으려고 밖으로 나올 걸세. 자네는 그들에게 왜적은 평양성에서 아직 나오지 않았고, 명나라 구원병은 이미 출발했다고 말하게. 그러면서 누구든지 군량미 옮기는 일을 도우면 훗날 조정에서 큰 상을 내릴 거라고 설득하게나."

나는 홍종록에게 구성의 군량미를 정주와 가산으로 옮겨달라고 부탁했다. 홍종록은 기꺼이 내 부탁을 들어주었다.

깊이 생각해 보기 류성룡은 왜 군량미 지키는 일에 힘을 기울였나요?

류성룡은 조선의 힘만으로는 전쟁에서 승리할 수 없다고 생각했다. 그는 명나라 지원군의 힘을 빌어서라도 전쟁에서 이기고 싶었다. 그러려면 명나라군을 먹일 군량이 꼭 필요했기 때문이다.

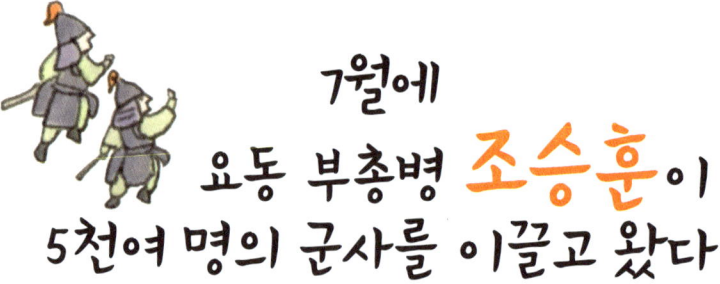

7월에 요동 부총병 조승훈이 5천여 명의 군사를 이끌고 왔다

요동은 우리와 국경이 맞닿아 있는 곳이다. 요동도사는 일본이 군사를 일으켰다는 소식을 명나라 조정에 보고했다.

명나라 조정에서는 일본이 빠른 속도로 북진한다는 보고를 받고, 우리가 일본의 길잡이 노릇을 하는 것이 아닌가 하고 의심을 했다.

병부상서 석성만은 예외였다.

"황제 폐하, 왜군이 조선을 손에 넣는다면, 다음은 우리 차례가 될 것입니다."

석성은 명나라 황제에게 우리나라에 지원군을 보내라고 강력하게 요청했다. 덕분에 명나라 군대가 우리나라에 파견되었다.

한편, 평양성을 점령한 고니시군은 평양에서 꼼짝도 하지 않았다.

임금께서는 명나라로 건너가서 명나라의 신하로 살려던 계획을 포기하셨다. 임금께서 의주성에 남기로 하시자, 비로소 민심이 안정되었다. 우리 군은 남은 군사를 재정비해 명나라 지원군을 맞이할 준비를 했다.

7월에 요동의 이름난 장수인 조승훈이 의주에 도착했다. 조승훈이 이끄는 명나라군은 명나라 조정에서 파견한 군대는 아니었고 국경을 지키던 국경수비대였다.

조승훈은 여러 전투에서 공을 세운 이름난 장수였다. 그래서인지 그는 일본군을 만만하게 보았다.

"적은 아직도 평양성에 그대로 머무르고 있는가?"

"그러하옵니다."

"적이 아직도 그대로 있다니, 하늘이 내 편인 게로군!"

조승훈은 자신만만해 하며 평양으로 향했다.

조승훈은 평양성 밖에서 도원군 김명원이 이끄는 우리 군과 합류했다.

7월 15일, 평양에는 큰 비가 내렸다. 조명연합군은 어둠을 틈 타 성 안으로 들어갔다. 비 때문인지 성을 지키는 사람이 없었다.

조승훈은 일본군의 수가 얼마 안 된다는 소리를 듣고, 곧장 내성으로 진격했다. 앞서 가던 명나라 기마부대는 비에 젖은 땅이 온통 진흙투성이로 변하는 바람에 힘겹게 앞으로 나아갔다.

명나라군이 성 안의 좁은 길을 지나가고 있을 때, 갑자기 어디선가 총알이 날아왔다. 일본군이 숨어서 기다리고 있었던 것이다.

앞서 가던 선봉장 사유와 대조변 등이 총에 맞고 쓰러졌다. 그러자 뒤따르던 병사들이 우왕좌왕했다.

명나라군은 제대로 한 번 싸워보지도 못하고 전멸하다시피 했다. 다급해진 조승훈은 후퇴를 명령했다.

평양성 전투에서 패한 조승훈은 패잔병들을 이끌고 안주(평안남도 안주)로 향했다. 일행은 한밤중에 안주에 도착했다.

조승훈은 성문 밖에서 통역관 박의검을 불러 말했다.

"오늘 모두 잘 싸웠다. 날씨가 좋지 않아서 적을 모두 몰아내지 못한 게 아쉽긴 하다. 병사들을 재정비해서 다시 공격할 생각이니, 돌아가서 너희 재상에게 동요하지 말라고 전해라."

조승훈은 그 길로 청천강과 대정강을 건넜다. 그는 일본군이 추격할까 봐 압록강 가에 있는 공강정에 도착해서야 병사들을 수습했다.

나는 종사관 신경진을 가산(평안북도 가산)으로 보내 조승훈을 위로했다. 조승훈이 그 길로 제 나라로 돌아갈까 봐 양식도 넉넉하게 실어 보냈다.

명나라군이 공강정에 머무르는 이틀 동안 계속해서 큰 비가 내렸다. 비 때문에 옷과 갑옷이 다 젖은 병사들이 불만을 토로했다.

"더 이상은 안 되겠다. 요동으로 철수하자!"

평양성 전투에서 패한 조승훈은 결국 군대를 이끌고 요동으로 돌아갔다.

나는 명나라군이 돌아간 것을 알면 민심이 동요할까 봐 걱정이 되었다. 그래서 안주에 머무르면서 명나라 조정에서 파견하기로 한 지원군을 기다렸다.

깊이 생각해 보기 조승훈이 평양성 전투에서 패한 이유는 무엇일까요?
조승훈은 일본군을 얕잡아 보았다. 일본군의 수가 얼마 안 된다는 소리를 듣고 아무 준비 없이 평양성에 들어갔던 것이다.

 일본군의 첩자 노릇을 하던 김순량을 잡았다

12월 2일, 평안도 도체찰사였던 나는 수군절도사 김억추에게 전령(명령을 내리는 문서)을 보냈다. 적을 공격하라는 전령이었다. 나는 군관인 성남에게 전령을 맡기면서 이렇게 신신당부했다.

"6일 안에 전령을 다시 돌려보내야 한다."

그런데 6일이 지나도 전령이 되돌아오지 않았다.

나는 성남을 불러서 문책했다.

"전령을 돌려보내라고 했는데, 왜 그렇게 하지 않은 것이냐?"

그러자 성남이 억울해 하면서 말했다.

"강서 출신인 병사 김순량 편에 이미 보냈습니다."

나는 김순량을 잡아오게 했다.

"전령이 어디에 있느냐?"

나는 김순량을 직접 추궁했다.

"소인은 모르는 일이옵니다."

김순량은 전혀 모르는 일이라고 딱 잡아뗐다.

나는 시치미를 떼는 김순량이 의심스러웠다.

조승훈이 평양성 공격에 실패했을 때부터 나는 내부에 첩자가 있을지도 모른다는 생각을 하고 있었다. 사전에 정보가 없었다면 일본군이 어떻게 우리가 올 줄 미리 알고 매복을 하고 기다린단 말인가.

그때, 성남이 나에게 이런 말을 했다.

"대감, 그러고 보니 생각나는 일이 있습니다."

"무슨 일인가?"

"김순량이 전령을 가지고 나가서 며칠 후에 돌아왔는데, 그때 이상한 일이 있었습니다."

"하나도 숨김없이 다 말하라."

"김순량이 어디서 났는지 소를 한 마리를 끌고 오더니 가까이 지내던 사람들과 잡아먹었습니다. 사람들이 어디서 난 소냐고 물었더니 친척 집에 맡겨 두었던 소를 되찾아왔다고 했습니다. 지금 돌이켜 생각해 보니 아무래도 수상쩍습니다."

나는 그 말을 듣고 김순량이 자백할 때까지 볼기를 치게 했다.

처음에는 모른다고 딱 잡아떼던 김순량이 결국에는 모든 사실을 자백했다.

"소인은 일본군의 첩자입니다."

김순량은 그간 있었던 일을 다 털어놓았다.

"그날도 전령을 받아서 평양성에 있는 적에게 가져다 주었습니다. 그러자 적장이 전령을 가져다 준 대가로 소를 주었습니다."

김순량의 자백은 계속되었다.

"소인 말고도 같은 첩자였던 서한룡에게는 명주 다섯 필을 상으로 주었습니다. 그리고 보름 안에 또 다른 군사 비밀을 알아 오라고 했습니다."

김순량의 말을 듣고 내가 물었다.

"너희 말고도 첩자 노릇을 하는 이들이 더 있느냐?"

"소인이 알기로는 40여 명가량 됩니다."

"지금 뭐라고 했느냐? 다시 한 번 말해 보아라."

"소인이 알기로는 순안, 강서의 여러 진영에 첩자가 있습니다. 어디 그뿐입니까. 숙천, 안주, 의주에 이르기까지 첩자가 없는 데가 없습니다."

나는 김순량을 통해서 각 진영의 첩자들이 누군지 알아냈다. 내부에 첩자가 있을지 모른다고 의심은 하고 있었으나 첩자의 수가 이렇게 많을 줄 어떻게 알았겠는가.

나는 각 진영에 첩자들의 이름을 급히 통보하고, 하나도 남김없이 다 잡아들이라고 명령했다. 몇몇은 운 좋게 달아났지만 대부분은 다 붙잡혔다.

나는 김순량의 목을 베서 높이 매달았다. 적의 첩자 노릇을 하면 어떻게 되는지 본때를 보여 주기 위해서였다.

이 일이 있고 나서 얼마 뒤에 명나라 지원군이 도착했다. 첩자들이 김순량 사건에 놀라서 뿔뿔이 흩어졌기 때문에 일본군은 명나라군이 온 사실을 알지 못했다. 참으로 우연히 벌어진 일이었지만, 이는 하늘의 도움이 없이는 있을 수 없는 일이었다.

> **깊이 생각해 보기** 김순량은 왜 일본의 첩자 노릇을 했을까요?
>
> 일본군에게 조선군의 군사 비밀을 알려 주면 명주나 소 같은 상을 받았기 때문이다. 개인의 욕심 때문에 나라를 파는 파렴치한 행동을 한 것이다.

1592년 12월, 명나라 제독 이여송이 대부대를 이끌고 압록강을 건넜다

　명나라 제독 이여송이 이끄는 지원군이 안주에 도착했다. 명나라군은 안주 성 남쪽에 진을 치고 전투 준비를 했다.

　나는 명나라 대군이 머물고 있는 안주로 찾아갔다. 명나라군은 대군답게 질서가 잘 잡혀 있었고, 군율도 잘 지켜지고 있었다. 안주 동헌에서 제독 이여송을 만났다. 나는 그 자리에 평양성 지도를 가지고 가서 지형 정보와 군사 정보를 알려 주었다. 그는 내 말을 주의 깊게 듣고 중

요하다고 생각되는 곳에 붉은 점을 찍어 표시를 했다. 그런 다음에 아주 흡족한 듯이 말했다.

"적의 움직임이 한눈에 다 들어오는구려."

이여송이 자신 있게 말을 이었다.

"왜적들에게 조총이 있다면 우리에게는 대포가 있소. 아무리 왜적들이라고 해도 5, 6리를 날아가는 대포를 당해낼 수는 없을 것이오."

1593년 1월 1일, 이여송은 부총병 사대수를 순안으로 보내 일본군과 협상하는 척했다. 사대수는 부하들을 시켜 협상에 응하러 나온 일본 대표 다이라 요시츠가사 일행을 사로잡았다. 그 와중에 세 명이 간신히 도망쳤는데,

일본군은 그때서야 명나라에서 지원군이 도착한 것을 알게 되었다.

 1월 6일, 명나라군 4만여 명은 우리 군 8천여 명, 승군(승려들로 조직된 군대) 2천여 명과 연합해서 평양성 공격에 나섰다. 평양성에 도착한 조명연합군은 평양성을 포위했다. 명나라군은 대포와 불화살을 쏘아 온 성 안을 불바다로 만들었다.

 "가장 먼저 성에 올라가는 사람에게 은 50냥을 주겠다."

 제독 이여송의 말에 명나라 장수 낙상지와 오유충이 병사를 이끌고 성벽을 오르기 시작했다. 성벽에 세워둔 적의 창칼도 두려워하지 않았다.

 조명연합군의 기세에 눌린 일본군은 내성으로 후퇴했다. 내성으로 들어간 일본군은 성에 흙벽을 쌓은 다음, 벌집처럼 구멍을 뚫어 놓고 거기서 조총을 쏘며 반격했다. 명나라 병사들이 총에 맞고 쓰러지자, 이여송은 병사들에게 후퇴를 명령했다.

 "궁지에 몰린 쥐는 고양이를 무는 법이다."

제독 이여송은 적장인 고니시 유키나가에게 사람을 보내 성문을 열어 놓을 테니 퇴각하라고 지시했다. 그날 밤, 전투에서 패한 고니시군은 평양성을 빠져나와 얼어붙은 대동강을 건넜다.

평양성 전투가 벌어지기 며칠 전에 나는 안주에 머무르고 있었다. 나는 대규모 병력이 평양성으로 파견된다는 이야기를 듣고, 황해도 방어사 이시언과 김경로를 불러 말했다.

"적의 퇴각로에 병사들을 매복시키고 있다가 후미를 공격하시오. 적은 굶주리고 지쳐서 별다른 저항 없이 항복할 게요."

이시언은 곧 길을 나섰으나,

김경로는 머뭇거리며 출발을 미뤘다. 군관 강덕관을 보내 재촉하자 마지못해 길을 나섰다.

김경로는 평양성 전투가 벌어지기 하루 전에 황해도 순찰사 유영경으로부터 해주(황해남도 해주)로 와 달라는 공문을 받았다. 일본군과 싸우기 싫었던 김경로는 평양 대신 재령으로 말머리를 돌렸다.

평양성 전투에서 패한 고니시군은 밤을 새워 도망을 쳤다. 이시언이 따라붙기는 했지만, 뒤쳐진 적을 사로잡는 데 그쳤다. 당시 한양에는 우키타 히데이에라는 장수가 지휘관으로 있었다. 그는 나이가 어려서 일본군을 제대로 통솔하지 못했다.

만약, 고니시 유키나가, 소 요시토시 등을 사로잡았다면 한양의 일본군은 저절로 무너졌을 것이다. 그러면 가토 기요마사의 퇴각로가 막혔을 것이고, 한강 이남의 일본군도 연이어 무너졌을 것이다.

온 나라 안의 일본군을 순식간에 물리치고 승리의 기쁨을 나눌 수 있는 좋은 기회였는데, 그 기회를 놓쳐서 하지 않아도 됐을 전쟁을 계속해야 했다. 한 사람의 잘못으로 인해서 나라의 운명이 잘못되었으니 참으로 애석한 일이 아닐 수 없다.

깊이 생각해 보기 이여송은 왜 일본군이 전멸할 때까지 싸우지 않았나요?
이여송은 일본군이 궁지에 몰리면 죽기를 각오하고 싸워서 명나라군의 피해가 커질까 봐 염려되었기 때문에 적당히 싸우고 물러났다.

8장
명나라와 일본의 강화

1월 8일, 일본군에게 빼앗겼던 평양성을 다시 되찾았다

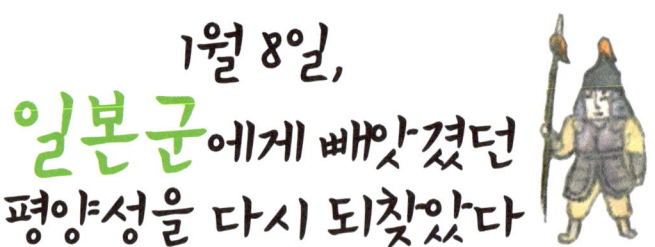

한양으로 후퇴한 일본군은 백성들이 우리 군과 몰래 내통할까 봐 걱정이 되었다. 평양성 전투에 패한 것도 너무 분했다. 그래서 성 안의 백성들을 다 죽이고 건물들도 모조리 불태워 버렸다.

나는 이 소식을 듣고 속히 한양으로 진격하자고 재촉했다. 하지만 제독 이여송이 머뭇거리는 바람에 1월 25일이 되어서야 한양을 향해 출발할 수 있었다.

그 사이에 일본군도 반격을 준비했다. 일본군 선봉부대는 여석령(경기도 고양시에 있는 고개)에 숨어서 조명연합군을 기다리고 있었다.

명나라 부총병 사대수와 우리 장수 고언백은 여석령으로 정찰을 나갔다가 일본군을 만났다. 일본군은 대부대를 여석령 뒤쪽에 숨겨두고 선발부대 몇 백 명만 고개 앞쪽으로 내보냈다.

여석령에서 맞닥뜨린 조명연합군과 일본군 사이에 전투가 벌어졌다. 조명연합군은 일본군 백여 명을 죽이고 벽제역으로 퇴각했다.

제독 이여송은 소식을 듣자마자, 기병 천여 명을 거느리고 여석령으로 갔다. 대규모 병력은 그대로 놔둔 채 측근들만 데리고 출발했다.

이여송은 혜음령(고양시와 파주시 사이의 고개)을 넘다가 말이 넘어지는 바람에 땅으로 떨어졌다. 옆에 있던 장수들이 놀라서 그를 일으켜 세웠다.

"괜찮으십니까?"

"괜찮네."

이여송은 부하들이 돌아가자는데도, 공을 세우고 싶은 욕심에 계속해서 앞으로 나아갔다.

제독 이여송이 이끄는 명나라군이 여석령에 다다르자, 숨어 있던 일본군 대부대가 갑자기 나타났다. 명나라군은 일본군에게 포위되어 앞으로도 뒤로도 물러날 수 없게 되었다.

이여송을 따라 나선 기병들은 북쪽에서 싸우던 병사들로 짧은 칼을 가지고 싸웠다. 반면에 일본군은 3, 4자(1자는 대략 30cm)나 되는 긴 칼을 가지고 싸웠다. 일본군이 긴 칼을 휘두르며 공격을 하자, 명나라 병사들은 속수무책 당할 수밖에 없었다.

전세가 불리해지자, 이여송은 지원군을 요청했다. 하지만 시원군이 도착도 하기 전에 부대는 거의 전멸되다시피 했다. 이여송도 이때 적의 칼에 맞아 목숨을 잃을 뻔했는데, 이유승이라는 부하의 희생으로 간신히 살아남았다.

날이 저물어 파주로 돌아온 이여송은 몹시 지쳐 있었다. 그는 밤새도록 전사한 부하들의 이름을 부르며 목 놓아 울었다.

다음 날, 이여송이 임진강 북쪽에 있는 동파(경기도 파주 동파)로 퇴각을 지시했다.

나는 그 소식을 듣고 곧바로 우의정 유홍, 도원수 김명원, 순변사 이빈과 함께 제독을 찾아갔다. 우리가 군영 막사 앞에 막 도착했을 때, 제독이 여러 장수들과 함께 막사를 나오고 있었다.

나는 제독에게 따졌다.

"전쟁을 하다 보면 이길 때도 있고 질 때도 있는 게 아닙니까. 어째서 한 번 패했다고 물러나려고 하십니까?"

그러자 제독이 변명했다.

"우리 병사들이 어제 적을 많이 죽였소. 병사들을 쉬게 해야 하는데, 이곳은 병사들이 쉬기에 불편한 점이 많소. 동파에서 쉬면서 전력을 보강한 다음에 다시 진격할 생각이니 염려 마시오."

나는 제독을 설득했다.

"명나라군이 뒤로 물러나면 왜적의 사기가 높아지고, 그렇게 되면 우리 백성들은 놀라고 두려워서 임진강 북쪽 땅마저 지키기가 어려워집니다. 하오니 잠시 동파에 머무르면서 적의 움직임을 살핀 다음에 군대를 움직이십시오."

이여송은 그러겠노라고 약속을 했다. 하지만 내가 물러나자마자 동파로 해서 개성으로 가 버렸다.

나는 날마다 사람을 보내 다시 진격할 것을 청했다. 그러나 제독은 항상 이렇게 대답만 할 뿐이었다.

"비가 그치고 날이 좋아지면 그리할 것이오."

제독은 일본군과 싸울 생각이 없는 게 분명했다.

깊이 생각해 보기   이여송은 왜 일본군과 싸우지 않고 뒤로 물러났을까요?

이여송은 공을 세우고 싶은 욕심에 측근들을 거느리고 여석령으로 갔다가 일본군의 기습을 받아 측근들을 모두 잃었다. 그 후 이여송은 싸울 의지를 잃었다. 그래서 가급적이면 일본군과 싸우려 하지 않았다.

2월 12일, 전라도 순찰사 권율이 행주에서 적을 크게 무찔렀다

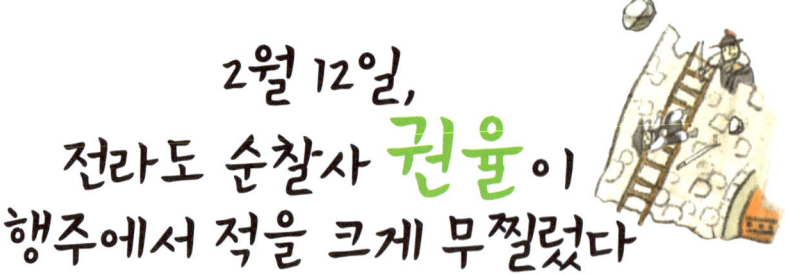

　광주목사(전라도 광주를 다스리던 지방관) 권율은 전라도 순찰사 이광과 방어사 곽영이 군사를 모집할 때, 곽영의 밑에 들어갔다. 권율은 이광과 함께 용인 전투에 참가해 일본군과 싸웠으나 패했다.
　남원으로 후퇴한 권율은 의용군을 모집해 금산에서 적장 고바야카와 다카카게의 정예부대를 물리쳤고, 그 공을 인정받아 이광의 후임으로 전라도 순찰사가 되었다.
　권율은 전 전라도 순찰사 이광이 들판에서 적과 맞서 싸우다가 패한 것을 거울삼아 수원 독성산성에 진을 치고 적의 공격에 대비했다.
　독성산성에 머물던 권율은 조명연합군이 평양성을 되찾고 한양 수복에 나섰다는 소식을 들었다. 그는 조명연합군과 함께 싸우기로 결심하고, 조방장 조경을 시켜 군대를 주둔시킬 만한 장소를 물색하게 했다.
　조방장 조경이 돌아와 보고했다.

"한강을 옆에 끼고 있으면서 한양과도 가까운 행주산성이 적당할 것 같습니다."

권율은 조경의 말을 믿고 행주산성으로 갔다.

권율의 부대가 행주산성에 진을 친 것을 알고 한양에 있던 일본군이 대군을 이끌고 와서 공격을 시작했다.

적의 기세에 놀란 병사들은 달아나려고 했으나 성 뒤에 강이 있어서 달아날 수가 없었다. 우리 군은 일본군의 상대가 되지 않았다. 하지만 관군과 백성들이 단결해 성을 지켜냈다. 날이 저물기 시작하자, 2만여 명의 사상자를 낸 일본군이 스스로 물러났다.

전라도 순찰사 권율은 행주에서 일본군을 크게 무찌르고 나서 파주로 부대를 이동했다. 도원수 김명원의 휘하에 들어가기

위해서였다.

나는 소식을 듣고 곧장 파주산성으로 갔다. 파주산성에 가서 보니 그곳은 전략적 요충지로 방어를 하기에 아주 좋은 조건을 지니고 있었다. 나는 권율과 순변사(변방에서 군사 업무를 보던 관리) 이빈으로 하여금 그곳을 지키게 했다.

이어서 방어사 고언백과 이시언, 정희현과 박명현 등을 유격병으로 삼아 해유령(경기도 양주)을 방어하게 하고, 의병장 박유인, 윤선정 등으로 하여금 창릉과 경릉 사이에 숨어 있다가 적을 공격하게 했다.

또한, 창의사(의병에게 주던 임시 벼슬) 김천일과 경기 수사 이빈, 충청 수사 정걸에게는 배를 이용해서 한양에 있는 용산과 서강의 일본군을 공격하게 했다. 뿐만 아니라 양성(경기도 안성)에 머물고 있던 충청도 순찰사 허욱에게는 충청도로 돌아가 그곳을 지키면서 적들이 남쪽으로 이동하지 못하게 막으라고 명령했다. 이어 경기도, 충청도, 경상도에 있는 관군과 의병에게 공문을 띄위서 각 지역에서 적의 실복을 막도록 했다.

며칠 뒤, 일본군 병사들이 돌아다니면서 누군가를 찾는 게 보였다. 사대수가 걱정스러운 얼굴로 내게 말했다.

"체찰사, 잠시 개성으로 피하시는 게 어떻겠습니까? 정찰병의 말로는 왜적들이 사총병(사대수)과 류체찰사(류성룡)를 사로잡으려고 혈안이 되어 있다고 합니다."

나는 단호하게 말했다.

"지금 왜적들은 우리가 공격할까 봐 잔뜩 겁을 먹고 있습니다. 그런 상황에서 우리가 움직인다면 저들에게만 좋은 일을 시키는 겁니다."

내 말을 듣고 사대수가 웃었다.

"듣고 보니 그렇습니다. 이제 나와 체찰사는 죽어도 함께 죽고 살아도 함께 살기로 합시다."

총병 사대수는 그렇게 말해 놓고도 안심이 안 되는지 수십 명의 병사를 보내 나를 지키게 했다.

권율이 파주산성에 머물고 있다는 것을 알게 된 일본군은 행주산성에서의 패배를 씻으려고 광탄까지 진격했다. 하지만 파주산성 일대의 지형이 매우 험하다는 것을 알고 물러났다.

나는 광탄으로 정찰대를 보냈다. 정찰대가 돌아와 보고하기를 2, 3천 명만 있으면 충분히 적을 제압할 수 있다고 했다. 나는 이여송에게 이런 사실을 보고했다. 하지만 제독은 이 작전을 허락하지 않았다.

깊이 생각해 보기 우리군은 어떻게 해서 행주산성에서 승리를 거두었나요?

행주산성 뒤에는 강이 있어서 달아날 데가 없었다. 그래서 성 안의 관군과 백성들은 목숨을 내걸고 싸웠다. 모두 단결해 싸운 덕분에 전투에서 승리할 수 있었다.

4월, 일본군이 우리와 명나라에 강화 회담을 요청했다

평양성 전투의 패배로 인해 궁지에 몰리게 된 일본군이 강화 회담(전쟁을 멈추자는 회의)를 요청했다. 나는 강화를 거부했다. 하지만 명나라는 기다렸다는 듯이 강화를 받아들였다.

강화 회담이 열리게 된 배경은 이렇다.

창의사 김천일의 밑에 있던 이진충이 이런 제안을 했다.

"대감, 소인이 한양에 잠입해서 적의 상황을 알아보고 오겠습니다."
나는 기꺼이 그 제안을 받아들였다.
얼마 뒤, 이진충이 한양에 다녀와서 보고했다.
"저들이 우리와 강화할 생각이 있다고 합니다."
얼마 뒤에 김천일이 일본군의 서신을 내게 가지고 왔다. 일본은 우리에게 강화를 요청했다. 나는 일본군의 서신을 받고 생각했다.
'제독은 싸울 마음이 없다. 그러니 강화를 빌미로 제독을 개성으로 오게 해서 잘 설득한다면 적을 물리칠 수 있지 않을까?'
나는 일본이 보낸 서신을 사대수에게 보였다. 사대수는 즉시 심부름꾼을 보내 평양에 있는 이여송에게 이 사실을 알렸다.
이여송은 심유경을 불러들였다. 심유경은 일전에 조승훈이 평양성 전투에서 패했을 때, 고니시군과의 회담을 이끈 적이 있었다.
심유경은 일본군에게 가토 기요마사의 포로가 된 조선의 왕자(임해군과 순화군)들을 돌려보내고 부산으로 물러나면 강화하겠다고 했다. 그러자 다급한 일본 측에서는 심유경의 제안을 받아들였다.
일본군이 한양에서 철수하자, 비로소

그 제안을 받아들이겠소!

제독 이여송이 개성으로 돌아왔다.

나는 제독에게 서신을 보냈다.

'강화를 하는 것만이 최선이 아닙니다. 지금 당장이라도 적을 공격해야 합니다.'

그러자 제독이 답장을 보내왔다.

'나도 그렇게 생각하고 있소이다.'

하지만 제독은 말만 그렇게 했지 정말로 싸울 생각은 없었다.

내가 파주에서 권율과 함께 다음 전투를 의논하고 있을 때였다.

해가 질 무렵에 명나라 유격장군 주홍모와 기패관(황제의 명령을 적은 깃발을 옮기는 관리) 주조원이 파주에 다다랐다. 나는 그들에게 어디를 가느냐고 물었다. 그러자 주홍모가 말했다.

"이 기패는 한양에 있는 일본군 진영으로 가는 것이오."

그러면서 주홍모는 기패에 머리 숙여 참배할 것을 강요했다.

이에 내가 말했다.

"이 기패는 적에게 보내는 기패요. 나는 참배할 수 없소. 또한, 이 기패에는 우리로 하여금 왜적과 싸우지도 말고, 왜적을 죽이지도 말라고 적혀 있으니 더더욱 받들 수가 없소."

그러자 주홍모가 크게 화를 냈다.

"기패는 곧 황제의 명이오. 오랑캐들조차도 그 앞에서 고개를 숙이는데 어째서 그대는 절을 하지 않겠다고 하는 것인가? 계속 이렇게 버티면 군법으로 처리할 테니 마음대로 하시오."

이 일을 전해들은 접반사(외국 사신을 접대하는 벼슬) 이덕형이 내게 사람을 보내 사과하라고 했다.

나는 아침 일찍 제독 이여송을 만나 사과하려고 개성으로 갔다. 그런데 제독은 나를 만나주지 않았다.

그날은 비가 내렸다. 나는 종일 내리는 비를 맞으며 제독이 부르기만을 기다렸다. 한참 뒤에 제독이 마지못해 나를 불렀다.

"소인이 큰 죄를 지은 것은 사실입니다. 허나 우리에게 있어 왜적은 한 하늘 아래 함께 살 수 없는 원수입니다. 그런 원수를 치지 말라고 하는 명령을 어찌 받아들일 수 있겠습니까?"

내 말을 다 듣고 나서 제독이 말했다.

"기패에 그런 내용이 적혀 있다는 것을 나는 전혀 몰랐소. 공의 말을 듣고 나서 보니 공이 왜 그런 행동을 했는지 이해가 되는구려."

제독은 내가 기패에 절을 하지 않았다는 이야기를 듣고 단단히 벼르고 있었다. 그런데 내가 기패에 절을 하지 않은 이유를 조목조목 설명했더니, 비로소 오해를 풀었다.

깊이 생각해 보기

류성룡은 왜 강화 제의를 받아들이지 않았을까요?

류성룡은 왜적과는 한 하늘 아래 함께 살 수 없다고 생각했다. 그는 조선 땅에서 일본을 몰아내야 한다고 생각했기 때문에 강화 제의를 받아들이지 않았다.

4월 20일, 빼앗긴 한양을 되찾았다

기패 사건이 일어난 며칠 뒤에, 명나라 유격장군 척금과 전세정이 동파로 나를 찾아와서 말했다.

"왜적이 포로로 잡고 있던 조선의 두 왕자를 돌려보낸 뒤에 한양에서 물러나기를 청했소. 그러니 저들의 청을 들어주는 척 성 밖으로 유인한 다음에 공격하는 게 어떻겠소?"

나는 제독 이여송이 사람을 보내서 내 속마음을 떠 보려고 한다는 걸 눈치챘다. 제독은 강화를 원하고 있었다. 하지만 내가 계속해서 강화를 반대하자, 척금과 전세정을 보내서 나를 설득하려는 것이었다.

나는 이번에도 뜻을 굽히지 않았다. 그러자 전세정이 버럭 화를 냈다.

"그렇게 강화를 반대하는 당신네 왕은 어쩌자고 한양을 버리고 달아난 게요?"

나는 침착하게 대답했다.

"상황이 급박할 때는 수도를 옮긴 후에 후일을 도모하는 것도 한 가지 방법이라고 알고 있습니다."

척금은 아무 말 없이 나와 전세정을 번갈아 바라보았다.

척금과 전세정은 나를 설득하려고 왔다가 아무 성과 없이 돌아갔다.

4월 19일, 제독이 대군을 이끌고 동파로 왔다. 일본군이 한양에서 물러나기로 약속을 했기 때문에 한양으로 진입하기 위해서 온 것이다.

나는 제독 이여송의 처소에 인사를 하러 갔다. 하지만 그는 나를 만나주지 않았다.

다음 날, 나는 명나라군과 함께 한양 도성 안으로 들어갔다. 성 안으

로 들어가자 굶주리고 병든 백성들이 보였다. 그들은 살아있었지만 죽은 사람이나 마찬가지였다.

성 안에 있던 건물들은 관청이며 민가며 할 것 없이 다 불타고 없었다. 일본인이 머물던 남산 밑에만 몇 채가 남아 있을 뿐이었다.

나는 제일 먼저 종묘를 찾아가서 통곡했다. 그런 다음 제독이 머물고 있는 소공주 댁(소공동에 있는 조선시대 궁궐)으로 갔는데, 거기서 그동안 못 만났던 여러 대신들을 만나 반가워서 또 한 번 울었다.

다음 날, 나는 제독을 찾아가 안부를 묻고 다시 한 번 부탁했다.

"왜적들이 물러갔다고는 하나 멀리는 못 갔을 것입니다. 하오니 한시 바삐 군사를 일으켜 저들을 물리칠 수 있게 해 주십시오."

제독이 내 말을 듣고 대답했다.

"나도 그러고 싶소. 하지만 한강에 배가 없으니 어쩌겠소."

"금방 배를 준비하라 이르겠습니다."

제독이 느긋하게 말했다.

"그리만 된다면 지금 당장이라도 출발하겠소."

나는 한강으로 출발하기 전에 경기 우감사 성영과 수사 이빈에게 공문을 보내 한강의 모든 배를 모으라고 지시했다. 한강에 도착해 보니 80여 척이나 되는 배가 모여 있었다.

나는 즉시 제독에게 사람을 보냈다.

"배가 준비되었습니다."

그러자 제독 이여송은 대장 장세작과 영장 이여백이 이끄는 명나라군 1만 5천여 명을 한강으로 보냈다.

명나라군은 80여 척의 배를 이용해 한강을 건너기 시작했다. 명나라군 절반 정도가 한강을 건넜을 때, 날이 저물기 시작했다.

"아이고, 아야!"

갑자기 이여백이 발병이 나서 아프다고 했다.

이여백이 병을 핑계로 성 안으로 들어가자, 장세작은 물론이고 강을 건넜던 나머지 병사들도 다시 강을 건너 성 안으로 들어갔다.

나는 그 광경을 지켜보면서 안타까워서 발만 동동 굴렀다. 그들을 돌려세워 나가 싸우라고 하고 싶었지만, 그럴 권한이 내게는 없었다.

그 일이 있고 나서 나는 병을 얻어 자리에 누웠다.

아무도 후퇴하는 일본군의 뒤를 쫓지 않았다. 퇴각하던 일본군은 간혹 길목을 지키고 있던 우리 병사들을 만나기도 했는데, 우리 병사들은 겁이 나서 이리저리 피하기만 할 뿐 공격을 하지 않았다.

> **깊이 생각해 보기** 명나라군은 왜 한강을 건너다 말고 되돌아갔을까요?
>
> 이여송은 일본군과 싸우기 싫었다. 그렇다고 해서 류성룡의 부탁을 거절할 수도 없었다. 그래서 이여송은 부하들을 한강 가로 내보낸 다음 적당한 핑계를 대고 다시 성 안으로 들어오게 한 것이다.

9장
또다시 시작된 전쟁

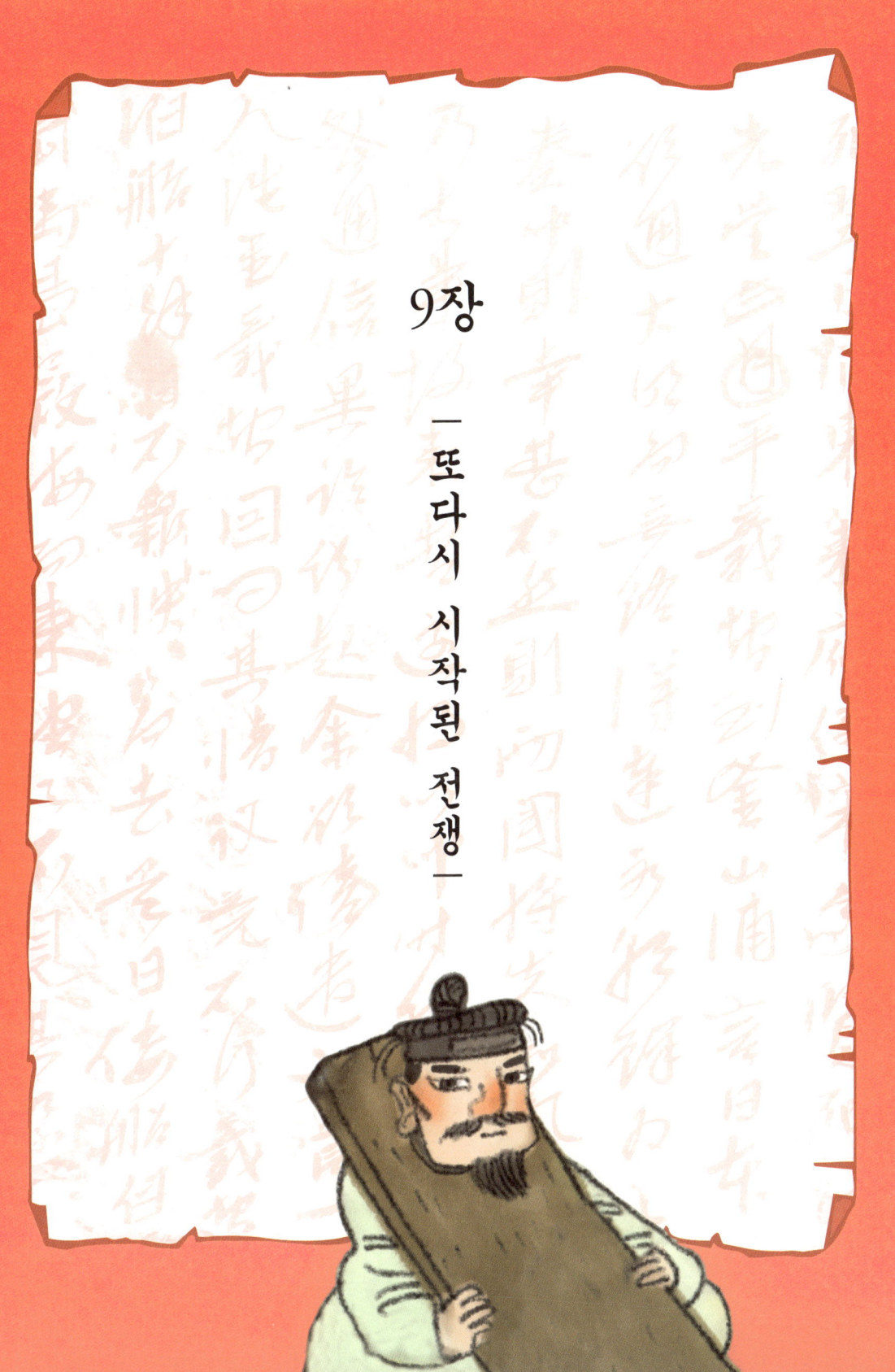

1596년, 명나라와 일본 사이의 강화 회담이 결렬되었다

명나라와 일본은 용산에 이어 일본에서 또 한 차례 강화 회담을 열었다. 고니시 유키나가는 명나라 장수인 사용재와 서일관을 명나라 사신이라고 하면서 도요토미 히데요시에게 데리고 갔다. 그 자리에는 심유경도 있었다.

도요토미 히데요시는 강화를 조건으로 일곱 가지 조건을 들어달라고 했다. 하지만 너무 무리한 조건이라서 심유경은 이를 조정에 그대로 보고할 수가 없었다.

심유경은 고니시 유키나가의 부하인 나이토 조안을 일본에서 보내온 사신으로 위장시켜 명나라 조정으로 데리고 갔다. 나이토 조안은 명나라가 도요토미 히데요시를 일본 국왕으로 책봉하고, 명나라와 일본 사이에 무역을 재개한다면 항복하겠다고 거짓으로 말했다.

명나라 황제(만력제)는 나이토 조안을 만난 자리에서, 도요토미 히데요시를 일본 왕으로 책봉하는 것은 허락하지만, 무역은 허락할 수 없다고 했다. 뿐만 아니라 조선 땅에서 속히 물러날 것과 앞으로 다시는 조선을 침략하지 말라는 약속을 하라고 했다. 그 일이 있은 후, 명나라 총사령관 고양림이 부하를 시켜 우리 조정에 공문을 보내왔다.

'조선을 침략한 왜적이 한양, 개성, 평양을 점령하고, 왕자와 대신들을 인질로 사로잡았다. 이에 우리 황제께서 군대를 보내 평양과 개성을 되찾게 해 주었고, 인질로 붙잡힌 왕자와 대신들을 석방시켰다. 우리 조정에서 조선에 큰 은혜를 베풀었으니 잘 알아두기 바란다.

그리하여 왜적은 우리 황제를 두려워하게 되었고 항복을 청하면서 봉공을 요청하기에 우리 조정에서는 그들의 청을 들어주고자 한다. 이제 조선 땅에서 왜적은 한 명도 찾아볼 수 없을 것이고, 왜적들은 다시 조선을 침략하지 않을 것이다.'

명나라 조정에서는 도요토미 히데요시의 항복을 받아들이고 그를 일본 국왕에 봉하기로 결정했다. 그래서 이종성과 양방형을 상사와 부사로 삼아 책봉사(명나라 황제의 명을 받아 다른 나라에 관직을 주기 위해 파견되던 사신)로 파견했다.

책봉사 임무를 띤 이종성과 양방형이 일본으로 가기에 앞서 부산으로 왔다. 그러자 난처해진 심유경과 고니시 유키나가는 책봉사 일행을 부산에 있는 일본군 진영에 억류하고 시간을 끌었다.

일본군 진영에서 머무르고 있던 이종성은 도요토미 히데요시는 봉작을 받을 뜻이 없으며, 책봉사를 인질로 삼아 조선을 재침할 것이라는 말을 들었다. 그는 그 말을 듣고 두려워서 어둠을 틈 타 달아났다.

이종성이 사라지자, 곤란해진 심유경은 양방형을 정사로 자신을 부사로 삼아 일본으로 건너갔다. 이때 심유경이 우리 측에서도 함께 가기를 원했다.

조정에서는 심유경의 접반사(외국 사신을 접대하던 임시 벼슬)로 가 있던 황신과 박홍장을 일본으로 보냈다. 이들은 책봉사를 수행하는 동시에 일본에 관한 정보를 수집하라는 임무를 부여 받았다.

1596년 9월 2일, 도요토미 히데요시는 자신이 제시한 일곱 가지 조건을 명나라에서 모두 받아들인 줄 알고 기대에 부풀어서 사신들을 만났다. 하지만 사신들을 만나 보니 자신이 원하는 것과 결과가 너무 달랐다.

감히 나의 요구를 받아들이지 않다니 가만 두지 않겠다!!

도요토미 히데요시는 진노했다. 그는 '조선의 왕자와 대신을 볼모로 보내라.'는 자신의 요구가 받아들여지지 않았다면서 우리 사신들은 아예 만나지도 않았다.

　도요토미 히데요시가 명나라의 국왕 책봉을 거부하고, 우리 일행의 접견을 거절하자, 황신은 일본이 또다시 조선을 침략할 것을 확신했다. 이렇게 해서 명나라와 일본 사이에 강화 회담은 결렬되었다. 명나라 조정에서는 또다시 전쟁이 일어날 것을 대비해 우리나라에 지원군을 파견했다. 우리도 일본의 재침을 대비해 전쟁 준비에 들어갔다.

깊이 생각해 보기 명나라와 일본 사이의 강화 회담은 왜 결렬되었나요?

도요토미 히데요시는 자신의 제안을 명나라에서 다 받아들인 줄 알고 좋아했다. 그런데 명나라 사신을 접견하고 보니 자신의 제안이 명나라에 제대로 전달되지 않은 것을 알게 되었다. 도요토미 히데요시는 화가 나서 사신들을 돌려보냈다.

히데요시의 야욕에 강화는 결렬된 것 같소.

일본의 재침에 대비해야겠소.

이순신, 죄인이 되어 옥에 갇혔다

한산도해전 때, 이순신이 원균을 도와준 이후로 두 사람의 사이는 아주 좋았다. 그러나 얼마 후에 원균은 종2품 벼슬인 가선대부가 되었는데, 이순신은 정2품 벼슬인 정헌대부가 되면서부터 두 사람의 사이가 벌어지기 시작했다.

원균은 다른 사람에게 지는 것을 싫어하는 성격 탓에 만나는 사람들마다 붙잡고 이순신을 비난했다.

"처음에 이순신은 도움을 요청하는 나를 모른 척했소. 하지만 여러 번 사람을 보내 도움을 요청하자 하는 수 없이 나를 도우러 왔던 것이오. 그러니 공을 따지면 내 공이 더 크지 않겠소."

조정 대신들은 둘로 나뉘어 원균의 공이 크다, 이순신의 공이 크다 하면서 싸웠다. 이순신을 추천한 사람이 나였기에 나를 싫어하는 사람들은 원균의 편을 들었다.

우의정 이원익이 말했다.

"이순신은 말이 별로 없는 자이고, 원균은 성미가 급한 자입니다. 예전에도 장수들끼리 공을 다툰 적이 있는데 원균은 정도가 너무 지나칩니다. 신의 생각으로는 이순신과 원균이 담당한 지역이 서로 다르기 때문에 처음에 도와주러 가지 않았다고 해서 문제될 것은 없어 보입니다."

이원익이 이순신을 옹호했지만 역부족이었다.

한편, 고니시 유키나가의 통역인 요시라는 경상 우병사 김응서의 진영에 자주 드나들었다. 요시라는 대마도 사람으로 우리말을 아주 잘했다. 요시라는 김응서의 진영을 드나들면서 이런 저런 정보를 흘리고 다녔다. 이 때문에 김응서는 요시라를 자신 첩자라고 생각하게 되었다.

어느 날, 요시라가 김응서를 찾아와서 대마도에 머물고 있는 가토 기요마사가 조만간 군대를 이끌고 올 거라는 말을 전했다.

김응서는 요시라의 말을 조정에 그대로 보고했다. 선조와 조정 대신들은 요시라의 말을 그대로 믿고 이순신에게 가토군을 물리치라고 했다.

"적의 말만 믿고 병사를 움직일 수는 없소."

이순신은 명령을 받고도 곧장 나가 싸우지 않았다. 가토군이 언제 올지 어디로 올지도 모르는데 섣불리 군대를 움직일 수는 없있던 것이다.

그러자 요시라가 김응서를 찾아와 말했다.

"가토군이 이미 거제도에 상륙을 했습니다. 내가 미리 귀띔을 해 주었는데 왜 그를 막지 않았습니까?"

김응서는 요시라의 말을 듣고 가토군의 상륙을 막지 못한 이순신에게 죄를 물어야 한다고 했다.

 그러자 대신들이 벌떼처럼 들고 일어나 이순신을 벌하라는 상소를 올렸다. 사헌부(관리들의 비리와 불법행위를 감찰하는 관청)에서도 조정의 명을 어긴 이순신을 처벌하라고 했다. 임금께서는 대신들의 청을 받아들여 의금부 도사를 이순신에게 보냈다.
 "이순신은 임금의 명령을 업신여긴 죄, 출정을 늦추어 적을 놓친 죄, 적을 막지 않고 나라를 배반한 죄를 지었다."
 이순신은 대역 죄인이 되어 의금부(사법기관) 감옥에 갇혔다.
 그러자 이원익이 임금께 상소를 올렸다.

"전하, 지금 왜적이 가장 두려워하는 상대는 이순신의 수군입니다. 적이 다시 쳐들어오려고 하는 이 중요한 시기에 이순신을 옥에 가두시다니요. 부디 다시 한 번 생각해 주십시오."

임금께서는 이원익의 상소를 받지 않으셨다.

나도 임금께 이 급박한 시기에 수군통제사는 이순신이 아니면 안 된다고 간청했다.

판중추부사(원로대신에게 주던 벼슬) 정탁도 이순신을 감쌌다.

"전하, 이순신을 죽여서는 아니 되옵니다. 그가 나가서 싸우지 않은 것은 짐작하는 바가 있기 때문일 것입니다. 제발 너그러이 그의 죄를 용서하시고 훗날을 대비하십시오."

정탁의 간곡한 부탁 덕분에 이순신은 사형을 면하고 감형되었다.

> **깊이 생각해 보기** 이순신은 왜 나가 싸우지 않았을까요?
> 가토군이 언제 올지 어디로 올지도 모르는데, 적군인 요시라의 말만 듣고 병사를 움직일 수는 없었기 때문이다.

이순신을 죽여서는 아니 되옵니다!

1597년 7월 15일, 칠천량 전투에서 우리 수군이 패했다

이순신이 파직되자, 원균이 이순신의 후임으로 삼도 수군통제사가 되었다. 한산도로 내려간 원균은 이순신이 시행하던 모든 제도를 바꾸고, 이순신이 신임하던 장수와 병사들을 모두 내쫓았다.

이순신은 한산도에 운주당이라는 집을 지어 밤낮 없이 부하들과 함께 군사에 관한 일을 의논하며 지냈다. 그런데 원균은 그 집에 자신의 첩을 데려다 놓고 함께 살면서 밤낮 없이 술에 취해 있었다.

"왜놈들을 만나면 그서 달아나는 방법밖에 없겠어."

원균의 휘하에 있던 병사들은 원균을 비웃기 일쑤였다. 지휘관이라고 해서 그를 두려워하지도 않았다.

그 무렵, 이순신을 모함해서 제거한 고니시 유키나가가 요시라를 다시 김응서에게 보냈다.

"며칠 뒤에 후속 부대들이 속속 도착할 예정입니다. 하오니 전처럼 망설이다 때를 놓치지 말고 잘해 보십시오."

도원수 권율은 이 소식을 듣고, 원균에게 빨리 나가 싸울 것을 명령했다. 권율은 이순신이 머뭇거리다가 죄를 받은 것 때문에 자꾸만 싸움을 재촉했다.

원균은 부산에 있는 적의 본진을 급습하려고 160여 척의 배를 이끌고 부산 앞바다로 갔다. 한산도를 출발한 원균의 배가 절영도에 이르자, 바람이 일고 물결이 높아졌다. 게다가 날도 어두워져 가는데 배를 대고 쉴 만한 곳이 없었다.

우리 함대가 절영도 앞바다로 들어서자, 수백 척의 적선이 바다 한가운데 나타났다. 원균은 적선을 추격하며 대포로 공격했다. 우리 병사들은 한산도에서부터 온종일 배를 저어왔기 때문에 제대로 싸우지 못했다.

적선도 제대로 싸우지 않기는 마찬가지였다. 일본군은 우리 병사들을 지치게 할 목적으로 가까이 왔다가 멀리 달아났다가를 반복하며 시간만 끌었다.

밤이 깊어지자, 바람은 더 세차게 불었다. 우리 배들이 사방으로 흩어져 떠내려가기 시작하자, 원균은 인근 가덕도에 배를 갖다 대라고 명령했다. 우리 병사들이 가덕도에 배를 대고 잠시 쉬고 있을 때, 적이 기습 공격을 감행했다. 4백여 명에 달하는 우리 병사들이 서항 한 번 제대로 못하고 그 자리에서 목숨을 잃었다.

원균은 남은 병사들을 이끌고 부랴부랴 칠천도(경상남도 거제시에 있는 섬)로 도망쳤다. 원균이 칠천도에 진을 치려고 하자, 경상 우수사 배설이 걱정스레 말했다.

"장군, 칠천도는 물이 얕아서 배가 움직이기 힘든 곳입니다. 다른 곳으로 이동하는 게 어떻겠습니까?"

하지만 지친 원균은 배설의 말을 귀담아 듣지 않았다.

일본 수군과 육군은 인근의 병력을 모두 모아 조선 수군을 기습할 계획을 세웠다. 그리고 7월 15일 밤, 불시에 우리 진영을 공격했다.

삼도 수군통제사 원균은 여러 장수들과 힘을 합해 싸웠으나 적을 당해낼 수가 없었다. 160여 척에 달하던 전선의 대부분이 불타고 부서졌으며, 전라 우수사 이억기와 충청 수사 최호 등이 전사했다. 원균은 선전관 김식과 함께 육지로 탈출했지만, 일본군의 추격을 받아 끝내는 전사하고 말았다.

경상 우수사 배설과 그의 부하들만이 12척의 전선을 이끌고 남해 쪽으로 달아나는 데 성공했다. 배설

은 그 길로 한산도로 건너가 무기와 식량이 적의 손에 들어가지 못하게 불태우고 백성들과 함께 몸을 피했다.

한산도를 장악한 일본은 기세를 몰아 남해와 순천을 차례로 점령했다. 두치진(경남 하동)에 이르러서는 육지에 올라가 남원성을 공격했다. 그동안 전쟁이라는 것을 몰랐던 충청도와 전라도 지방도 전란에 휩쓸리게 되었다.

일본은 임진년에 전쟁을 시작한 이래 바다에서는 단 한 번도 승리를 거둔 적이 없었다. 그렇기 때문에 도요토미 히데요시는 고니시 유키나가에게 어떻게 해서든지 우리 수군을 물리치라고 압력을 가했다. 고니시 유키나가는 우리 수군과 정면으로 싸워서는 이길 수 없다고 판단했다. 그래서 요시라를 김응서에게 보내 호감을 산 뒤에 이를 이용해 이순신과 원균을 차례로 제거한 것이다. 고니시 유키나가의 계략에 빠져 큰 피해를 입었으니, 이 얼마나 슬픈 일인가!

> **깊이 생각해 보기** 원균은 왜 배설의 말에 귀를 기울이지 않았을까요?
> 원균은 가덕도에서 적의 기습 공격을 받고 간신히 칠천도로 도망쳤다. 그는 지쳐서 다른 사람의 말에 귀 기울일 처지가 아니었다.

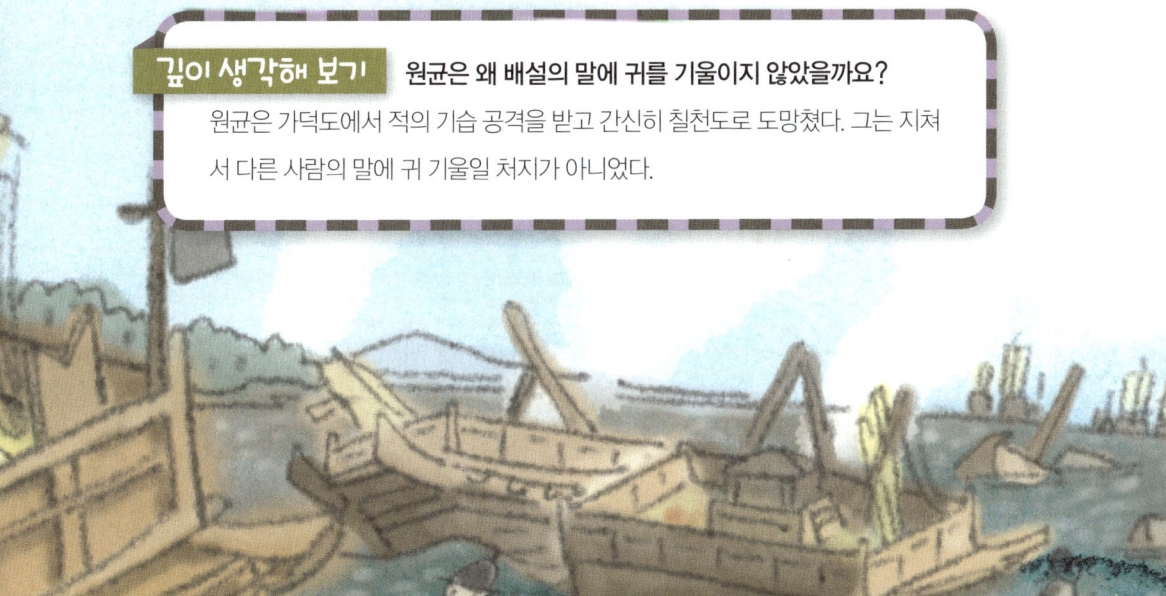

7월 22일, 이순신이 전라 좌도 수군절도사 겸 삼도 통제사로 재임명되었다

한산도 함락 소식이 조정에 전해지자, 임금께서 비변사의 신하들을 불러서 대책을 물었다. 하지만 대답하는 자가 없었다.

그러자 병조판서 이항복이 말했다.

"전하, 다시 이순신을 불러 통제사에 임명하십시오."

임금께서 이항복의 말을 듣고 그대로 따르셨다. 다른 방법이 없었던 것이다.

그 일이 있기 전에 도원수 권율은 군관 이덕필을 백의종군(벼슬 없이 군대에 나가 복무하는 것) 하고 있는 이순신에게 보냈다. 원균이 패배하자 믿을 사람이 이순신밖에 없었던 것이다.

이순신은 삼도 수군이 무너졌다는 소식을 듣고 가슴을 치며 통곡했다. 이덕필은 권율을 대신해서 이순신에게 뒷일을 수습해 달라고 부탁했다.

이순신은 그 길로 수군 진영이 있는 진도로 갔다. 밤낮을 가리지 않고 달려서 전라도 진도에 도착해보니, 12척의 배가 남아서 그를 기다리고 있었다.

그 무렵, 임금께서 이순신에게 수군이 아닌 육군으로 싸우라는 명령을 내렸다. 그러자 이순신이 이런 장계를 올렸다.

"임진년에 전쟁이 시작된 이후 적이 감히 호남과 충청에 발을 들여놓지 못한 것은 우리 수군이 적의 진격로를 막아왔기 때문입니다. 지금 신에게는 아직 12척의 전선이 남아 있으니 사력을 다해 싸우면 적을 물리칠 수 있을 것입니다. 지금 수군을 없애라 하시면 적은 반드시 호남과 충청을 거쳐 한강으로 갈 것이니 신을 한 번 믿어 주십시오."

한편, 이순신이 돌아왔다는 소식을 듣고 피란을 떠났던 사람들이 모여들었다. 이순신은 병사를 모으고 부서진 배를 고치며 적과의 일전을 준비했다.

1597년 9월 16일, 이순신은 적이 진도 앞바다로 몰려온다는 첩보를 입수하고 휘하의 장수들을 불러 말했다.

"반드시 죽고자 하면 살 것이고, 반드시 살고자 하면 죽을 것이다."

그날, 이순신은 12척의 전선으로 적장 쿠루시마 미치후사가 이끄는 적선 130여 척과 맞서 싸웠다. 숫자로는 상대가 되지 않는 싸움이었지만, 이순신은 물러서지 않고 진도 앞바다의 조류를 이용해 적을 공격했다. 그 결과 적선 120여 척이 파괴되었고, 나머지 적들은 가까스로 도망을 쳤다.

명량해전 이후에 이순신의 밑에는 8천여 명의 병사들이 모여들었다. 이순신은 병사들을 먹일 군량이 부족하자, 해로 통행첩을 발급했다.

"삼도 연안 지방을 통과하는 모든 배는 통행첩을 발급 받도록 하라. 통행첩이 없는 배는 간첩선으로 간주할 것이다."

그러자 배를 가진 백성들이 너도나도 몰려와서 통행첩을 발급받았다. 이순신은 배의 크기에 따라 쌀의 양을 달리 받았는데, 덕분에 10여 일 만에 1만여 석의 군량을 확보하게 되었다.

이순신은 백성들에게 구리, 쇠 등을 모아서 대포를 만들게 하고, 나무를 베어 배를 만들게 했다. 먼 곳에 있는 사람들까지 그를 믿고 모여들었으

며, 그가 하는 일이라면 발 벗고 나서서 도왔다.

그 무렵, 명나라 수사 제독 진린이 명나라 수군 5천여 명을 이끌고 우리 수군 진영이 있는 고금도로 내려왔다. 진린은 성격이 포악하고 다른 사람과 잘 어울리지 못하는 사람이었다.

나는 진린과 이순신의 만남을 무척 걱정했다.

"진린이 장수의 권한도 인정해 주지 않고, 군사들 또한 제 마음대로 다루면 이순신이 어떻게 할런지 모르겠소."

내 말을 듣고 주변 사람들 모두가 걱정했다.

그런데 그것은 기우에 지나지 않았다.

이순신은 진린이 내려온다는 소식을 듣고 병사들을 동원해서 성대하게 잔치를 준비했다. 진린 일행은 이순신의 대접이 무척 마음에 들었다. 이순신은 거기에서 그치지 않고 작은 공이라도 진린의 공으로 돌렸다.

그러자 진린은 무슨 일이든 이순신과 의논해서 처리했다. 덕분에 섬 안의 질서가 잘 유지되었다.

진린은 임금께 이렇게 보고했다.

'통제사는 천하를 다스릴 만한 인재요. 어떤 어려움이라도 능히 극복해 낼 것이오.'

이순신의 진심이 진린에게 가 닿았던 것이다.

깊이 생각해 보기 | 이순신은 어떻게 해서 명량해전에서 승리했나요?

조선 수군과 일본 수군은 숫자로는 상대가 되지 않았다. 하지만 이순신은 적군을 두려워하지 않았다. 그는 진도 앞바다의 조류를 이용해 적을 공격했고, 큰 승리를 거두었다.

10장

전쟁이 막을 내리다

1597년, 도요토미 히데요시가 일본군 20만 명을 우리나라로 보냈다

정유년에 도요토미 히데요시가 또다시 일본군 대부대를 우리나라에 보냈다. 임진년에 보낸 16만보다 더 많은 수였다.

가토 기요마사가 이끄는 일본 제1군은 경상도, 충청도, 경기도를 차례로 장악하고 한강에 진을 쳤다. 수군이 도착하면 함께 한양을 공격할 생각이었다.

우키타 히데이에와 고니시 유키나가가 이끄는 일본 제2군은 부산을 출발해서 진주성을 함락한 다음 전라도로 향했다.

또다시 일본이 우리나라를 침략하자, 명나라 조정에서는 서둘러 지원군을 파견했다. 병부상서(군사기관 최고 관리) 형개를 총독으로 삼고, 경리 양호, 제독 마귀, 부총병 양원 등을 우리나라로 보냈다.

압록강을 건넌 양호는 평양으로, 제독 마귀는 한양으로, 부총병 양원은 한양을 지나 전라도 남원으로 내려갔다.

남원은 호남과 영남을 잇는 요충지다. 부총병 양원은 한산도를 함락한 일본군이 남원성으로 진격해 온다는 소식을 듣고 남원성을 보수하게 했다.

　남원성 밖에는 교룡산성이라는 튼튼한 성이 있었다. 우리 군은 그곳에서 싸우기를 원했지만, 양원은 본성을 지켜야 한다며 주장을 굽히지 않았다.

　8월 13일, 적의 정찰대가 나타나 남원성 주변을 살피고 돌아갔다. 이튿날에는 적이 성을 에워싸고 조총을 쏘며 공격을 시작했다. 날이 저물자 적이 돌아갔다.

그 다음 날에는 적이 풀 다발을 성벽에 쌓기 시작했다. 성을 넘어오려는 것이었다.

부총병 양원은 전주에 머물고 있던 유격 장군 진우충에게 지원군을 요청했다. 그러나 지원군이 도착하기도 전에 적이 풀 다발을 밟고 성 안으로 넘어 들어왔다. 놀란 병사들이 흩어져 달아나자, 양원도 그 틈에 묻어 밖으로 도망쳤다.

양원은 요동에서 활동하던 장수라 여진족 같은 오랑캐나 상대할 줄 알았지 왜적에 대해서는 아무것도 몰랐다. 또한, 산성이 아닌 평지에 있는 성을 지키는 것이 얼마나 어려운지도 모르고 있었다. 내가 이런 내용을 자세히 기록하는 까닭은 훗날 성을 지키는 사람들에게 깨우침을 주기 위해서이다.

남원이 함락되자 전주와 그 일대가 한꺼번에 무너졌다. 명나라 장수 양원은 패전의 책임을 지고 물러났다.

경상도, 전라도, 충청도가 전부 적의 손에 들어갔다. 일본군은 가는 곳마다 백성들을 죽이고 코와 귀를 베어갔다. 일본군이 직산(충청도 천안)에 도착했다는 소식이 전해지자, 한양 사람들은 모두 도망치기에 바빴다.

한양에 머물고 있던 명나라 장수 양호와 제독 마귀는 평안도, 황해도, 경기도 군사 수천 명으로 하여금 한강을 지키게 했다.

일본군이 한강 가에 나타나자, 대신들이 임금을 찾아갔다.

"전하, 지금 당장 영변으로 가셔야 합니다. 신이 한때 그곳에서 병사로 근무해서 영변 사정을 잘 알고 있습니다."

지사 신잡의 말이 끝나자, 또 다른 대신이 말을 이었다.

"전하, 이번에는 적의 공격에 크게 마음 쓰지 않으셔도 될 것 같습니다. 시간이 지나면 저들이 저절로 물러날 것입니다."

그때, 도원수 권율이 한양에 도착했다.

임금께서 권율을 불러 정세가 어떻게 돌아가는지를 물으셨다.

"전하, 서쪽에 머물러 계시면서 조금 더 정세를 파악하시지 그러셨습니까. 너무 빨리 돌아오신 듯합니다."

그러자 대신들이 수군거렸다.

"전하, 권율은 너무 겁이 많습니다."

"그러하옵니다, 전하. 권율은 도원수감으로 한참 모자랍니다."

임금께서는 대신들의 말을 듣고도 가타부타 말씀이 없으셨다.

천만다행이 일본군은 경기도 부근까지 왔다가 다시 물러났다.

깊이 생각해 보기 양원이 일본군과의 전투에서 패배한 이유는 무엇인가요?

남원성 밖에 튼튼한 교룡산성을 두고도 본성을 지켜야 한다고 고집을 부렸기 때문이다. 양원은 산성이 아닌 평지성을 지키는 것이 얼마나 어려운지 몰랐고 적절하게 대처하지 못해 전투에서 패하고 말았다.

9월 22일, 경리 양호가 이끄는 조명연합군이 울산에서 가토군을 공격했다

울산은 경상도 좌병영이 있던 군사적 요충지다. 가토 기요마사는 울산을 차지한 다음 바닷가에 성을 쌓았다.

경리 양호가 이끄는 조명연합군은 울산 왜성을 공격했다. 성 밖에서 싸우던 적은 조명연합군의 기세에 눌려 성 안으로 물러났다.

조명연합군은 성 안으로 들어가려고 애를 썼지만, 여의치가 않았다. 일본군이 성벽을 삼중으로 쌓았기 때문이었다. 조명연합군은 성 안으로 들어가는 대신 성을 포위했다. 성 안의 일본군을 고립시키기 위해서였다.

그 무렵 나는 울산으로 직접 내려갔다. 가서 보니 성 안이 텅 빈 것처럼 조용했다. 이따금 총을 비 오듯 쏘기도 했는데, 명나라군이 성 가까이 접근할 때만 그랬다.

며칠을 가만히 지켜보니, 일본군이 밤마다 성을 몰래 빠져 나오는 게 보였다.

"저들이 뭘 하는 게요?"

"성 안에 물이 부족한 모양입니다."

일본군은 밤마다 샘가에 내려와 물을 길어갔다.

양호는 경상 좌병사 김응서에게 날쌘 병사를 붙여 주면서 샘가에 매복해 있으라고 했다.

김응서는 밤마다 물을 길러 오는 적을 사로잡았다. 그렇게 잡은 적의 수가 백여 명에 달했다.

명나라 장수들이 자신만만해 하며 말했다.

"이제 곧 성 안의 양식이 바닥날 게요. 물도 없고 식량마저 바닥나면 저들이 어떻게 버티겠소."

명나라군은 일본군의 항복을 받아낼 날이 멀지 않다고 큰소리를 쳤다. 하지만 곧 상황이 바뀌었다.

양호는 일본의 지원부대가 울산을 향한다는 보고를 받았다. 그는 병사들이 병들고 지쳤다는 핑계를 대며 서둘러 물러났다. 더 이상 일본군과 싸우기 싫었던 것이다.

9월에 총독 형개가 명나라, 조선 할 것 없이 장수들을 한 자리에 불러 모아 총공격을 지시했다. 제독 마귀와 조선 경상 좌병사 김응서는 울산 왜성을, 제독 동일원과 경상 우병사 정기룡은 경상도 사천성을, 제독 유정과 전라 병사 이광악은 순천 왜성을 맡아 공격하고, 제독 진린과 삼도 수군통제사 이순신은 바다에서 육군을 지원하기로 했다.

9월 11일, 제독 마귀의 선봉장인 해생이 군사를 이끌고 울산의 왜성을 공격했다. 해생은 치열한 전투 끝에 학성산을 손에 넣었다. 김응서는 울산에서 더 나아가 동래까지 진출했다. 22일에는 제독 마귀까지 가세해서 왜성 공격에 총력을 기울였다. 하지만 일본군 지원부대가 올 거라는 소문을 듣고 마귀가 후퇴를 명령하는 바람에 성을 점령하지는 못했다.

9월 17일, 제독 동일원과 경상 우병사 정기룡은 사천성을 공격했다. 일본군은 사천성을 포기하고 바닷가에 있는 사천진성으로 후퇴했다. 그러던 중에 명나라 진영에서 탄약고가 폭발하는 사고가 일어났다. 명나라군은 큰 피해를 입고 제대로 싸워보지도 못하고 물러났다.

9월 19일, 제독 유정이 이끄는 명나라군과 도원수 권율이 이끄는 우리 군이 연합해서 순천 왜성을 공격하기로 했다. 제독 진린이 이끄는 명나라 수군과 삼도 수군통제사 이순신이 이끄는 우리 수군도 바다에서 지원하기로 약속했다.

그런데 전투를 앞두고, 제독 유정과 제독 진린이 서로 지휘권을 갖겠다고 다투었다. 문제는 그뿐이 아니었다. 제독 유정은 일본군과 싸우려고 들지 않았다.

"어차피 남의 나라 싸움인데, 왜 우리 병사들이 피를 흘려야 하는가."

제독 유정은 10월 3일에도, 4일에도, 수군의 공격을 지원해 주기로 해놓고 약속을 지키지 않았다.

10월 6일, 제독 유정은 육군에게 철수를 지시했다. 이튿날에는 명나라군까지 철수시켜 버렸다. 진린과 이순신이 반발했으나 육군 없이 수군만 육지에서 싸울 수는 없었다. 이로써 조명연합군의 연합작전은 실패로 돌아갔다.

깊이 생각해 보기 | 명나라군은 왜 일본군과 맞서 싸우기를 두려워했을까요?

양호나 마귀는 일본의 지원부대가 온다는 보고를 받고 일본군과 싸우기 싫어서 후퇴했다. 그들은 조총과 긴 칼을 가진 일본군을 두려워했다.

1598년 11월 18일, 통제사 이순신이 적을 크게 물리치고 전사했다

　이순신은 명나라 제독 진린과 함께 순천 왜성에 머물고 있던 고니시 군을 공격하러 갔다. 그러자 고니시 유키나가는 사천에 머물고 있던 시마쓰 요시히로에게 지원을 요청했다.
　시마쓰 요시히로는 3백여 척의 전선을 끌어 모아 고니시 유키나가를 구하러 왔다. 이순신은 적이 왜성에 닿기 전에 무찌르기로 했다.
　11월 19일 새벽 네 시경, 조명 수군 연합군과 일본 수군이 노량 앞바다에서 딱 마주쳤다. 이순신은 명나라 수군을 뒤에서 대기하게 하고, 함대를 이끌고 앞으로 나아갔다.
　우리 수군과 일본 수군은 누가 먼저랄 것도 없이 맞붙어 싸웠다. 이순신은 화살이 빗발치는 데도 몸을 사리지 않고 선두에서 병사들을 지휘했다.
　날이 밝을 무렵, 이순신은 적이 쏜 총탄에 가슴을 맞았다. 주위에 있던 부하들이 그를 부축해서 장막 안으로 옮기자, 이순신은 이렇게 당부했다.

"지금은 싸움이 급하니 내가 죽었다는 사실을 절대 말하지 마라."

그러고 잠시 후, 이순신은 숨을 거두었다.

이순신의 조카 이완은 이순신의 뜻대로 그의 죽음을 알리지 않은 채 싸움을 이끌었다. 이순신의 죽음을 모르는 우리 수군은 일본군을 향해 총공격을 퍼부었다.

그때, 진린이 탄 배가 적에게 포위되었다. 이를 본 이완은 이순신의 이름으로 명령을 내려 진린을 구하게 했다.

치열했던 전투는 결국 우리 수군의 승리로 끝이 났다. 3백여 척에 달하던 적선은 백 척도 채 안 남았고, 배에 타고 있던 5만여 명의 일본군도 거의 전멸하다시피 했다.

제독 진린은 일본군이 물러가고 난 후에 이순신에게 사람을 보냈다. 자신의 목숨을 구해준 보답을 위해서였다.

"제독, 통제사 이순신이 전사했다고 합니다."

"통제사가 나를 구해주었는데, 그게 무슨 소리인가!"

진린은 이순신이 죽었다는 이야기를 듣고 몹시 슬퍼했다. 그 모습을 본 모든 병사들이 함께 엎드려 울며 이순신의 죽음을 애통해 했다.

한편, 순천 왜성에 머물고 있던 고니시 유키나가는 우리 수군이 일본 수군을 쫓아 바다로 나간 틈을 타서 성을 빠져 나갔다.

고니시군에 이어 부산, 울산, 하동 등지의 바닷가에 주둔하고 있던 적들이 모두 소리 소문 없이 사라졌다.

이순신이 죽었다는 소식이 전해지자, 우리 병사와 명나라 병사 할

것 없이 모두 비통해 하며 슬피 울었다.

"장군, 우리를 살리시고 어디로 가십니까?"

수많은 백성들이 길로 쏟아져 나와 영구를 붙잡고 울었다. 행렬이 앞으로 나갈 수 없을 지경이었다.

조정에서는 이순신의 공을 높이 사서 의정부 우의정이라는 직책을 내렸다.

명나라 병부상서 형개가 우리 조정에 청했다.

"이순신을 기리는 사당을 지어서 그의 넋을 달래야 할 것입니다."

하지만 조정에서는 형개의 제안을 받아들이지 않았다.

그러자 백성들이 민충사라는 사당을 지어 이순신의 넋을 기렸다.

이순신은 평소 말과 웃음이 별로 없었다. 그를 보면 항상 몸과 마음을 닦는 선비 같았다. 그가 자신의 몸을 돌보지 않고 나라를 위해 목숨을 바칠 수 있었던 것도 평소에 자기 수양을 철저히 해왔기 때문이다.

이순신에게는 이희신과 이요신이라는 형이 있었다. 그는 형들이 사망하자, 조카들을 자기 자식처럼 돌봤다. 조카들을 모두 혼인 시킨 후에야 자기 자식들의 혼례를 치를 정도였다.

이순신이 옥에 갇혔을 때에는 이런 일도 있었다. 한 간수가 이순신의 조카 이분에게 이렇게 귀띔했다.

"뇌물을 쓰면 죄를 면할 수 있을 게요."

이 말을 들은 이순신은 불같이 화를 냈다.

"죽으면 죽었지, 절대로 도리에 어긋난 짓을 해서 살고 싶지 않다!"

그는 그런 사람이었다.

이순신은 뛰어난 재주와 그것을 감당할 만한 능력을 지니고 있음에도 운이 너무 없었다. 백가지 재주를 하나도 제대로 펼쳐보지 못하고 죽고 말았기 때문이다. 참으로 애석한 일이 아닐 수 없다.

우리 수군이 노량해전에서 큰 승리를 거둔 후에 기세가 꺾인 일본군은 스스로 제 나라로 물러갔다.

이로써 참혹했던 전쟁은 끝이 났다.

깊이 생각해 보기 이순신은 왜 자신의 죽음을 알리지 말라고 했을까요?
싸움이 한창인데, 이순신이 죽었다는 사실이 알려지면, 적은 기세가 등등해지고 우리 군은 사기가 떨어질 게 분명했기 때문이다.

처음 만나는 징비록

초판 1쇄 발행 2015년 3월 30일
초판 4쇄 발행 2021년 2월 25일

원작 류성룡
글 표시정
그림 구연산
펴낸이 박수길
펴낸곳 (주)도서출판 미래지식
기획 편집 이솔·김아롬
디자인 조윤정

주소 경기도 고양시 덕양구 통일로 140 삼송테크노밸리 A동 3층 333호
전화 02)389-0152
팩스 02)389-0156
홈페이지 www.miraejisig.co.kr
전자우편 miraejisig@naver.com
등록번호 제 2018-000205호

* 이 책의 판권은 미래지식에 있습니다.
* 값은 표지 뒷면에 표기되어 있습니다.
* 잘못된 책은 구입하신 서점에서 바꾸어 드립니다.

ISBN 978-89-6584-159-3 74140
      978-89-6584-072-5 (세트)

[이 도서의 국립중앙도서관 출판시도서목록(CIP)은 e-CIP 홈페이지(www.nl.go.kr/ecip)와 국가자료공동목록시스템(www.nl.go.kr/kolisnet)에서 이용하실 수 있습니다.]
CIP제어번호 : CIP2015007715

* 미래주니어는 미래지식의 어린이책 브랜드입니다.